실용 모델

영작문

Practical Model
English Composition

실용 모델
영작문

Practical Model
English Composition

황기동 지음
Bethany M. McCall & Joseph L. Jerviss 감수

어문학사

원어민이 아닌 영어 선생님들은 영어수업 또는 영작시험에서 흔히 "선생님, 이 문장은 왜 안 됩니까?"라는 학생들의 질문을 받는다. 이 경우 선생님들은 그 문장이 문법적으로 이상이 없을 경우 "원어민은 그런 말을 사용하지 않는다"라는 말 이외에는 대답할 수 없는 경우가 빈번하다. 실제 우리말과 영어는 문장구조와 표현방식에서 차이점이 너무 많아 간단한 이론적 설명이 불가능한 경우가 많다.

다행히 요즈음 학생들의 영어 능력은 과거에 비해 훨씬 뛰어나며, 특히 문장의 독해 및 회화 능력은 점점 향상되고 있다. 그렇지만 학생들의 영어회화나 영어 작문에 나타난 문장 구사 능력은 독해 능력에 비해 매우 뒤떨어져 있는 것도 현실이다. 그 원인이 영어교육의 방법 때문인지 수능의 문제 출제 방식에 기인하는지는 알 수 없지만 학생들이 올바른 의사소통능력을 갖추기 위해서는 시급히 해결해야 하는 문제이다.

우리말을 먼저 학습한 학생들이 올바른 영어 문장을 구사하기 위해서는 먼저 우리말과 영어의 구조적 차이점을 인식하는 것이 영작의 출발이라고 생각한다. 실제 필자는 영어 수업에서 일상적인 표현에 나타난 우리말과 영어의 문장구조의 차이점을 중심으로 수년간 영작 교육을 진행한 결과, 학생들이 원어민과의 영어회화에서 사용하는 영어 구문의 표현 능력이 매우 향상된 것을 확인할 수 있었다. 따라서 우리말과 영어 구조의 차이를 인식하고, 일상적이고 기본적인 표현을 숙지하면 영작과 회화 능력이 충분히 향상될 수 있다는 믿음을 가지게 되었다.

이 책은 학생들이 실용영어에 대한 활용 능력을 향상하는 데 도움을 주기 위해, 저자가 원어민 강사와의 토론을 통해 집필한 것이다. 여기에 있는 자료에 대한 설명은 대부분 영어 작문 수업에서 학생들이 제기한 질문을 바탕으로 작성한 것이다. 그리고 이 책의 모든 자료는 기본 영어 및 생활영어를 바탕으로 작성된 것이므로, 정확히 이해하고 암기해 둔다면 작문뿐만 아니라 실용 영어회화에도 큰 도움이 될 것으로 믿는다.

이 책은 2부로 나누어져 있다. 먼저 1부에서는 영어 문장의 기본 원리와 영어의 관점에서 우리말을 영어로 옮기는 방법에 대해 간단히 설명하였다. 구문에 관한 내용으로 독자들이 잘 아는 내용이므로 쉽게 이해할 수 있을 것이다. 다만 우리말을 영어 문법에 맞게 풀이하여, 우리말 문법과는 일치하지 않으므로, 숙지하고 있으면 생략해도 무방하다.

2부에서는 기본 영작에 대한 내용을 주제별로 20가지 분야로 구분하였다. 각 주제는 교과활동, 일상생활, 해외여행, 에세이에서 가장 널리 이용되는 자료를 정리하여 수록하였다. 모두 기본적인 영작이므로 차례대로 학습할 필요가 없으며, 개개인의 필요에 따라 순서를 바꾸어도 관계가 없다. 예를 들면 해외여행을 갈 사람은 6장부터 11장까지를 먼저 읽고, 각종 논술시험을 대비할 경우에는 16장부터 19장까지 먼저 학습하면 된다.

2부에 있는 각각의 주제는 3장으로 나누어져 있다. 1장의 모델 문장 연습(Model Sentence Practice)에서는 주어진 모델문을 기초로 유사한 문장을 작성하는 훈련을 하게 된다. 주어진 모델문은 기본 구문을 숙달하는 데 도움이 되며, 오류의 범위를 최소화하여 단시간에 학습 효과를 증진하기 위한 것이다. 2장의 단문 연습(Sentence Practice)에서는 단문 영작

연습으로, 주어진 어휘 또는 참고자료를 이용하여 직접 영작을 하는 것이다. 3장의 장문 연습(Paragraph Practice)은 주어진 장문을 보고 글쓰기를 연습하는 것이다. 모든 연습 자료는 실생활에서 널리 사용되는 글을 소재로 하였으므로, 에세이 쓰기 및 말하기 능력의 향상에 크게 도움이 될 것이다. 이 책 마지막의 〈장문 연습 정답 및 해설〉에 있는 장문 글쓰기에 대한 해설은 실제 영작 수업에서 학생들이 제기한 질문을 바탕으로, 원어민과의 토의를 통해 작성되었으므로, 평소에 독자들이 가진 문장의 의문점을 해결하는 데도 많은 도움이 될 것이다.

이 책을 처음부터 끝까지 읽고 수정 및 보충 설명을 제시한 Bethany M. McCall, 토론을 통해 수정을 도와준 Joseph L. Jerviss에게 감사를 드린다. 그리고 적극적으로 책을 출판해 주신 윤석전 사장님에게도 감사를 표한다. 끝으로 이 책이 영작과 영어회화를 학습하는 학생들과 모든 분들에게 자그마한 도움이 되기를 바란다.

2012년 11월, 고출산 기슭에서

황기동

구성과 특징

Key point 1

한국어에 익숙한 학습자들을 위해 한국어와 영어의 문법적 차이를 알아볼 수 있도록 쉬운 용어로 일일이 대조 분석하였다. 우선 작문을 하는 기본원리를 일목요연하게 짚어주고, 영작을 할 때 반드시 알아두어야 할 문법적 사항들을 꼼꼼하게 풀어 썼다. 또한 풍부한 예제를 실어 학습 효과를 높였다.

● 우리말: **주어 + 목적어 1 + 목적어 2 + 동사**

   ❶   ❷   ❸   ❹

그가 나에게 이메일을 보냈다.

● 영어: **주어 + 동사 + 목적어 1 + 목적어 2**

  ❶   ❹   ❷   ❸

He sent me an e-mail

Key point 2

A. 모델 문장 연습 (Model Sentence Pr

* 주어진 예문을 참고하여, 우리말을 영어로 옮기세요

1. **이 시계는 잘 맞는다.**

   This watch keeps good time.

Q: 이 시계는 잘 맞지 않는다.

2부에서는 본격적인 주제별 작문을 할 수 있도록 구성하였다. 파트는 A. 모델 문장 연습(Model Sentence Practice) B. 단문 연습(Sentence Practice) C. 장문 연습(Paragraph Practice)의 세 파트로 나누어 단계별로 영작문 실력을 올릴 수 있게 하였다.

Key point 3

3. 그는 시내 [교외, 시골]에 산다.

He lives downtown [in the suburbs, in the

Q: 그들은 주간에는 도시에 살고, 주말에는 시골

Note 도심지에, 도심지의; downtown, in t
suburbs.

e.g. ● 도시에 사는 것보다 시골에서 사는 것이
It is better for our health to live i

~ live in town d~

매우 기본적인 작문용 예시 문장을 풍부하게
실어 이 책의 예문으로도 충분히 응용학습이
가능하도록 하였다. 또한 NOTE를 달아 학습
자가 답을 보지 않고 힌트만으로도 영작을 스
스로 해볼 수 있도록 했다. e.g. 역시 충분한
예문 습득을 할 수 있도록 도움을 준다.

Key point 4

특히 C. 장문 연습(Paragraph Practice)에서는
학습자가 자신의 실력을 정확하게 테스트할
수 있는 단계로, key words를 제시하여 막힘
없는 영작이 가능하도록 하였다.

~ 바다에서 ~ 오

한국에서는 휴가를 즐기기 좋은

9월에도 역시 종종 덥지만, 대체로 9

key words inside, outside, hot, hum

memo

● 위 주제에 대해 키워드를 활용하

Contents

제2부

주제별 작문

용어해설

모든 문법 용어는 문장을 기준으로 한다. 즉 모든 문법 용어는 문장을 쉽게 이해하기 위해서 고안된 것이다. 영문법에서는 단어, 구, (문장)성분, 절, 주부, 술부 등의 여러 가지 표현을 사용한다. 이런 용어는 영어 문장에 대한 모든 설명에서 항시 이용되는 표현으로 반드시 이해해 두어야 한다. 가능한 간단히 설명해 보기로 한다.

1. 단어 (word)

독립된 의미와 형태를 가진 문장의 최소 단위다.

문장 속에 사용되는 표현을 종류에 따라 구분한 것을 단어라 한다. 학자에 따라 영어에는 보통 8가지에서 10가지 단어로 나눈다. 명사, 대명사, 동사, 형용사, 부사, 전치사, 접속사, 감탄사, (조동사), (관사) 등이 있다. 예를 들어, 다음 문장에는 몇 개의 단어가 있는지 살펴보자.

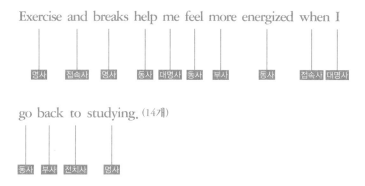

Exercise and breaks help me feel more energized when I

| 명사 | 접속사 | 명사 | 동사 | 대명사 | 동사 | 부사 | 동사 | 접속사 | 대명사 |

go back to studying. (14개)

| 동사 | 부사 | 전치사 | 명사 |

2. 구 (phrase)

일반적으로 두 개 이상의 단어가 모여서, 문장에서 명사, 형용사, 부사, 동사 등과 같은 단어의 역할을 할 때 구라고 한다. 중심이 되는 단어 뒤에 구라는 말을 붙인다.

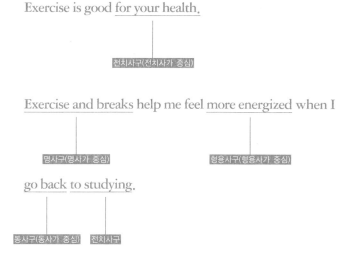

Exercise is good for your health.

전치사구(전치사가 중심)

Exercise and breaks help me feel more energized when I

명사구(명사가 중심)   형용사구(형용사가 중심)

go back to studying.

동사구(동사가 중심)   전치사구

3. 성분 (constituent)

영어에서 문장 분석은 동사를 기준으로 한다. 동사를 기준으로 문장을 구성하는 각 요소들을 문장성분이라 한다. 각각의 문장성분은 단어, 구 또는 절로 이루어진다. 그리고 문장성분을 **문장에서의 구실 또는 역할에 따라 주어, 목적어, 보어, 수식어로 구분한다.** 문장에서 반드시 필요한 주성분을 주어, 목적어, 보어라 하고 생략할 수 없으며, 그 외의 성분을 수식어라 한다. 문장의 필수 요소인 주어와 목적어는 주로 명사 또는 대명사를 이용하고, 보어는 명사 또는 형용사를 이용하며, 수식어로는 형용사(구), 부사(구), 전치사구 등을 이용한다. 또한 문장을 두 부분으로 나누어 주어가 있는 부분을 주부(문장의 주체가 되는 부분) 그리고 동사 이하 전부를 술부(주부를 서술하는 부분)라고 부르기도 한다.

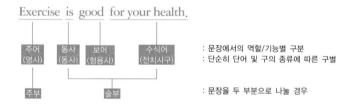

위에서 보는 바와 같이 주어(주부)는 문장의 주제, 주체 또는 중심이 되는 성분으로 문장의 출발점이 되며, 나머지 동사 이하의 모든 요소는 주어에 대해 서술하

거나 설명한다. 영어에서는 사람, 사물을 나타내는 다양한 명사, 대명사가 주어로
사용될 수 있다.

4. 절 (clause)

주어와 시제가 있는 동사가 포함된 구문을 절이라고 한다. 절이 명사 구실을
하면 명사절, 명사를 수식하면 형용사절, 그 외의 모든 절을 부사절이라고 한다.
문장에서 반드시 필요한 절을 주절(또는 독립절), 그 이외의 절(형용사절, 부사절)
을 종속절(또는 부가절)이라고 한다.

Exercise is good for your health.   주절

Exercise and breaks help me feel more energized when I go back to
studying.
                              주절   종속절 또는 부사절

위의 절에는 동사, 목적어, 보어, 부사(구) 등 다양한 성분이 이용된 것을 알 수
있다. 그리고 절의 구조를 결정하는 중심이 되는 단어가 동사이다. 동사는 일반적
으로 주어 다음에 위치하며, 주어의 행동, 존재, 상태 등을 설명하는 술부의 중심
으로, 다양한 의미와 성질을 지니고 있다. 또한 동사의 다양한 성질로 인해 술부
에 필요한 문장 성분ー보어, 목적어, 수식어 등ー이 달라지고, 그 결과 문장구조가
다르게 나타난다. 편의상 동사 다음에 수반되는 문장 성분ー보어, 목적어, 수식어
ー의 유형에 따라 절을 다섯 가지 문장 유형(5형식)으로 분류(물론 감탄문은 제외한
다)하기도 한다.

1형식: 동사 자체만으로 문장이 완성되며, 보어나 목적어가 필요 없는 문장.

He rose from his seat. (그는 자리에서 일어났다.)

The water flows to [makes for] the river. (그 물은 강으로 간다.)

위의 문장에서 동사는 자체만으로 의미가 완성되므로 완전자동사라고도 한다. 물론 대부분 동사 뒤에는 동사를 꾸며주는 수식어구가 수반된다.

2형식: 동사의 의미를 보충하는 성분(보어)이 필요한 문장을 말한다. 이 경우 보어는 의미가 불완전한 동사와 결합하여 술부의 의미를 완성하고, 주어를 서술하거나 설명하게 된다. 동사의 의미가 불완전하다고 불완전 자동사라고도 한다.

He is patient. (그는 인내심이 있다.)

Sumi will make [become] a good scientist. (수미는 좋은 과학자가 될 것이다.)

위의 문장에서 동사 'is' 와 'make' 만으로 술부의 의미가 불완전하므로 뒤에 동사를 보충하는 형용사(구) 또는 명사(구)가 수반되어 술부의 의미를 완성하고, 그 결과 주어를 완전하게 설명할 수 있는 것이다.

3형식: 동사의 행동에 영향을 받는 대상이나 사물(목적어)이 필요한 문장이다.

The company made a film about wildlife. (그 회사는 야생동물에 대한 영화를 만들었다.)

위의 문장도 'made' 의 대상이 되는 'a film(about wildlife)' 이 있어야 술부의 의미가 완성되는 것이다. 이런 동사를 완전타동사라고도 한다.

4형식: 동사의 행동에 직접 관계된 대상이나 사물(직접목적어라고 한다)뿐만 아니라, 동사의 행동으로 영향을 받거나, 혜택을 받는 사람이나 사물(간접목적어라고 한다)까지도 필요한 문장이다.

My sister often makes me a coffee. (나의 여동생은 종종 나에게 커피를 타준다.)

위의 문장에서 만든 대상은 'coffee' 지만, 수혜자는 'me' 이다. 물론 이 경우 수혜자를 빼면 3형식 문장이 될 수도 있다. 이런 make와 같은 동사를 여격동사 또는 수여동사(dative verb)라고도 한다. 수여동사는 다양한 문장 변화가 가능하므로 유의해야 한다.

5형식: 술부를 완성하기 위해 동사의 행동에 직접 관계된 대상(목적어)뿐만 아니라 이 대상의 상태를 보충 설명하거나 서술해 주는 (목적)보어까지 필요한 문장이다.

Flowers make our rooms cheerful. (꽃이 우리 방을 상쾌하게 한다.)

위의 문장에서 목적어인 'our room' 만으로는 문장이 완성되지 않으며 이 목적어의 (목적)보어가 필요하다. 이런 유형의 동사를 불완전타동사(incomplete transitive verb)라고도 한다.

5. 문장 (sentence)

대문자로 시작하여, 구두점(마침표, 의문표, 감탄표)이 있는 글을 문장이라 한다.

Exercise is good for your health. 문장

Exercise and breaks help me feel more energized when I go back to studying. 문장

문장은 전체적인 구조에 따라 4가지 — 평서문, 의문문, 명령문, 감탄문 — 종류로 구분한다. 위의 예문과 같이 평서문은 주어가 (문장 수식어는 제외하고) 문장의 맨 앞에 위치하고, 의문문은 주어가 조동사 (또는 'Be' 동사) 뒤에 위치하며, 명령문은 주어가 주로 생략된다. 감탄문은 대개 독립적으로 관용어처럼 사용된다.

Would you open the window? (창문 좀 열어 주실래요?) 의문문
Make yourself at home. (편히 하세요.) 명령문
Lovely day! (화창하구나!) 감탄문

6. 단락 (paragraph)

단일한 주제를 가진 여러 개의 문장을 단락이라 한다.

7. 에세이 (essay)

단일 주제에 대해 여러 개의 단락으로 구성된 글을 에세이라 한다. 학술적인 글에서는 서론, 본론, 결론으로 구성되며 일관성 있게 분석적으로 쓰여 있다.

일러두기

● 부호

Note (설명)

cf. (유의, 참고)

e.g. (예문)

Ans (답)

* (틀린 문장)

? (자연스럽지 않은 문장)

● 주의

본문에 나오는 우리말의 구조 분석은 우리말 문법이 아니라 영어 작문에 편리하도록 영어식으로 풀이한 것이므로 우리말의 문법 이론과 관계가 없습니다. 우리말과 영어는 품사도 다르고 문장 성분의 분석 기준이 서로 달라 원칙적으로 우리말과 영어의 대응 관계는 성립되지 않습니다.

제1부

영작문의 기본 원리

Basic Principles of English Writing

01 기본 어순

　　영어는 단어의 순서에 의해 의미가 결정되는 언어이며 이를 어기면 틀리거나 의미가 다른 문장이 된다. 그리고 영어 어순과 우리말 어순의 차이를 알면 영어 작문은 매우 쉬워진다. 영어에는 수없이 다양한 문장이 있지만, 목적어와 부사가 있는 문장을 가장 일반적인 구조로 설정하는 경향이 있다. 구체적으로 다음 문장을 살펴보자.

> She studied English yesterday. (그녀는 어제 영어 공부를 했다.)
> We have breakfast everyday. (우리는 매일 아침을 먹는다.)
> He is playing soccer now. (그는 지금 축구를 하고 있다.)

　　위의 문장들은 시제의 차이는 있지만 구조는 동일하다. 즉 주어+동사+목적어+부사의 어순을 가지고 있으며 영어에서 가장 구조가 명확한 문장이다. 이제 위의 마지막 문장과 우리말 어순의 차이를 살펴보자. (우리말 구분은 영어 작문을 위해 구분한 것으로 우리말 문법과는 관계가 없다는 점을 유의하기 바랍니다.)

● 우리말: 그는　지금　축구를　하고 있다.

- 영어: **주어 + 동사 + 목적어 + 부사**

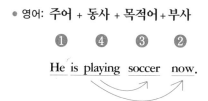

위의 우리말은 주어+부사+목적어+동사의 순서로 연결되어 있다. 반면, 영어는 주어+동사+목적어+부사의 순서로 연결되어 있다. 즉 영어는 주어 다음에 나오는 동사를 기준으로 목적어+부사의 순서로 연결되지만, 우리말은 문장 마지막의 동사를 기준으로 목적어와 부사가 역순으로 연결되므로 결과적으로 부사+목적어+동사의 순서로 연결되는 것이다. 그리고 이 사실만 항상 명심하면 영작은 의외로 어렵지 않다. (물론 우리말은 어순 언어가 아닌 굴절어인 관계로 각 문장성분의 이동이 매우 자유롭다는 점은 분명하지만 편의상 언급하지 않는다.) 즉 우리말에서는 동사가 문장 마지막에 위치하고, 영어에서는 동사가 주어 바로 다음에 위치하기 때문에 나머지 모든 문장성분이 상호 역순으로 결합된다는 점만 명심하면 영작문은 한결 쉬워질 것이다.

예제 다음 우리말을 영어로 바꾸세요.

그녀는 매일 영어를 공부한다.

Ans _____

Ans She studies English everyday.

02 부사의 어순

영어에서 부사(구)가 두 개 이상 나열될 경우에는 배열하는 방법이 정해져 있으므로 영작에 유의해야 한다. 이제 문장 속에 두 개의 부사(구)가 있는 다음 예문들을 보자.

I met her here yesterday.
(*I met her yesterday here.) (나는 어제 여기에서 그녀를 만났다.)

She prepared her final exam in the library for a week.
(그녀는 일주일 동안 도서관에서 기말시험을 준비했다.)

He takes a walk around the park after dinner.
(그는 저녁식사 후에 공원에서 산책을 한다.)

위의 문장에서 보는 바와 같이 영어에서 부사(구)는 원칙적으로 항상 목적어 뒤에 위치한다. 그리고 부사구 간의 위치도 일정하다. 즉 장소의 부사(구) 다음에 시간의 부사(구)가 오는 것이다. 이제 우리말과 연관 지어 생각해보자.

● 우리말: **주어 + 부사구1 + 부사구2 + 목적어 + 동사**

❶   ❷   ❸   ❹   ❺

그녀는 일주일 동안 도서관에서 기말시험을 준비하였다.

● 영어: 주어 + 동사 + 목적어 + 부사구2 + 부사구1

❶ **❺** **❹** **❸** **❷**

She prepared her final exam in the library for a week.

　위의 우리말에서는 ❷ ❸ ❹의 위치가 자유로이 전환되어 ❸ ❹ ❷, ❷ ❹ ❸, ❹ ❸ ❷ 순서로 배열될 수 있다. 그러나 영어는 어휘의 순서를 지켜야 하는 어순언어(word order language)이므로, 반드시 목적어+부사구2(장소의 부사구)+부사구1(시간의 부사구) 순서로 배열되어야 한다. 즉 장소의 부사(구)가 먼저 나오고 마지막에 시간의 부사(구)가 배열되어야만 올바른 문장이 되는 것이다. 물론 다양한 부사구가 있지만 동사 뒤에 오는 부사구 중에서는 일반적으로 장소의 부사(구)가 맨 먼저 위치하고, 시간의 부사(구)가 마지막에 위치한다는 사실은 명심해야 한다. 그 외 빈도부사(막연히 빈번한 횟수를 나타내는 부사로 often, usually, always 등)는 동사 앞에 오며, 짧은 부사구가 긴 부사구 앞에 올 수 있다는 점도 알고 있어야 한다.

　예제 다음 우리말을 영어로 바꾸세요.

나는 여름 방학 동안 이태리로 여행 갈 예정이다.

❶ **❷** **❸** **❹** **❺**

Ans _____

Ans I'm going to travel [take a trip] to Italy during the summer vacation.

03 이중 목적어의 어순

1장에서는 목적어가 하나 있는 문장의 구조를 살펴보았다. 여기에서는 목적어가 두 개 있는 문장과 우리말과의 관계를 살펴보기로 한다. 먼저 다음 예문들을 보자.

She sent me an e-mail.

(그녀는 나에게 이메일을 보냈다.)

⇒ She sent an e-mail to me.

He bought [got] me some ice cream.

(그는 나에게 아이스크림을 사 주었다.)

⇒ He bought [got] some ice cream for me.

He asked me the reason.

(그는 나에게 이유를 물었다.)

⇒ He asked the reason of me.

위의 문장에는 동사 뒤에 목적어가 두 개가 있다. 이 문장과 우리말의 관계를 살펴보자.

● 우리말: **주어+목적어 1+목적어 2+동사**

❶　　❷　　　❸　　　❹

<u>그가</u>　<u>나에게</u>　<u>이메일을</u>　<u>보냈다.</u>

● 영어: **주어+동사+목적어 1+목적어 2**

❶　❹　　❷　　　❸

<u>He</u>　<u>sent</u>　<u>me</u>　<u>an e-mail.</u>

　위의 우리말이나 영어에서 목적어1(간접목적어)은 단순히 목적어2(직접목적어)를 받는 대상에 불과하지만, 영어에서는 동사 뒤에 나란히 목적어로 처리하고 있다. 실제 동사가 보내는 대상(object)은 ❸번인 것이다. 그리고 이메일을 받는 대상인 ❷번을 생략하더라도 올바른 문장이 된다. 따라서 이 경우 영어에서는 목적어2를 직접목적어, 목적어1을 간접목적어라고 한다. 또한 이와 같이 수여받는 대상을 동사 다음의 간접목적어로 취할 수 있는 동사를 영어에서는 수여동사 또는 여격동사라고 한다. 이런 유형의 표현은 영어에서 간접목적어를 문장 뒤로 보내고 전치사를 사용하여 아래와 같이 표현할 수 있다.

● 영어: ❶　❹　　❸　　　❷

<u>He</u>　<u>sent</u>　<u>an e-mail</u>　<u>to</u>　<u>me.</u>

　위의 경우 뒤로 이동한 간접목적어 앞에 어떤 종류의 전치사를 사용하는지는 동사에 따라 달라지므로 외워 두어야 한다.

나의 아내는 나에게 새 넥타이를 만들어 주었다.

❶　　　❷　　　❸　　　❹

Ans _____

Ans My wife made me a new necktie.
My wife made a new necktie for me.

04 비인칭주어

우리말과 영어는 공통적으로 평서문에서 일반적으로 주어가 문장의 처음에 위치하므로 영작에서 유의할 필요는 없다. 그렇지만 우리말은 주어를 생략할 수도 있으나, 영어는 어순에 따라 문장이 형성되고 의미가 결정되므로 (명령문 이외에는) 반드시 주어가 있어야 한다. 따라서 평서문에서 주어가 없는 경우에는 틀린 문장으로 처리된다. 그 결과 영어에서는 의미상 주어가 없는 문장에도 문장구조상 주어를 채워 넣어야 하는 경우가 있다. 다음 문장을 보자.

It is chilly today. (오늘은 서늘하다.)

It is half past ten. (10시 반이다.)

It is getting dark. (어두워진다.)

It takes 30 minutes to the train station. (기차역까지 30분 걸린다.)

위의 문장을 우리말과 비교해보자.

- 우리말: 부사구 + 목적어 + 동사

  ❶ ❷ ❸

  기차역까지 30분 걸린다.

- 영어: 주어 + 동사 + 목적어 + 목적어 2

  ❸ ❷ ❶

  (It) takes 30 minutes to the train station.

위의 문장에서 보는 바와 같이 우리말을 번역하면 영어의 경우 주어 자리가 없다. 그러나 영어는 형식상 평서문에는 반드시 주어가 필요하므로 임의의 단어를 채워야 할 필요가 있다. 영어에서 주어가 없는 문장은 위의 예문에서 보는 바와 같이 날씨, 시간, 거리 등을 나타내는 문장에서 많이 발생한다. 그리하여 영어에서는 이 경우 대명사 'It'이라는 단어를 넣어 문장 형식을 맞추고 있다. 이를 문법에서는 비인칭주어라고 한다. 따라서 이런 종류의 문장에서는 임의의 비인칭주어 'it'을 넣은 다음 우리말의 역순으로 번역할 수 있는 것이다.

예제 다음 우리말을 영어로 바꾸세요.

심하게 비가 내리고 있다.

Ans _____

Ans It is raining heavily.

05 존재의 주어

한편 영어에서 동사가 '있다'(주로 'be'동사)일 경우에, 주어 위치에 'there'라는 단어를 쓰고 원래의 주어를 동사 뒤에 쓰는 경우가 있다. 이 경우 대체로 주어가 동사에 비해 상대적으로 길 때에 흔히 사용된다. 다음 예문을 보자.

There is a notebook on the desk.

(책상 위에 공책이 있다.)

(A notebook is on the desk.)

There were differences of opinion on the basic issues.

(기본 문제에 대한 의견 차이가 있었다.)

(*Differences of opinion were on the basic issues.)

There has been an accident in the street.

(거리에 사고가 났다.)

(?An accident has been in the street.)

(*There took place an accident in the street.)

(An accident took place in the street.)

위의 문장을 구조적으로 살펴보자.

● 우리말:　　부사구　＋　주어　＋　동사

　　　　　　　❶　　　　❷　　　❸

　　　　저 모퉁이 주위에 식당이 하나 있다.

● 영어: (There + 동사) + **주어**　＋　**부사구**

　　　　　　❸　　　　　❷　　　　　❶

There's a restaurant around the corner.

　　❷　　　　❸　　　　❶

(A restaurant is around the corner.)

　　위의 구조에서 보는 바와 같이 영어에서 존재의 의미로 '있다'라는 표현을 할 때, 'be' 동사 단독으로 쓰는 것이 아니라 'there is [are]+주어'로 표현하는 경우가 대부분이다. 이 경우 'there'는 '거기에'라는 의미 없이 막연히 주어 위치에 사용되었으므로 품사 분류를 하지 않고 '허사'라고 부른다. 다만 '보통명사+장소의 부사구'로 된 문장의 경우에는 'there'로 시작하지 않고 '주어+be+장소의 부사구'로 표현할 수도 있다. 그리고 마지막 예문에서 보는 바와 같이 'be'동사가 아닌 일반 동사는 'there+일반 동사'를 쓸 수는 없다.

　　[예제] 다음 우리말을 영어로 바꾸세요.

　　　내 친구가 저쪽에 있다.

　　　　❶　　　❷　　　❸

[Ans] _____

[Ans] There's my friend over there.(My friend is over there.)

06 보어와 수식어

동사의 의미를 보충한다는 의미를 가지는 보어와 수식어의 차이는 영어 작문에서 반드시 이해해야 하는 사항이다. 여기에서는 보어와 수식어와의 차이를 간단히 살펴보기로 한다.

우리말과 영어의 구조적 차이로 인하여 수식의 기능을 가지는 부사와 문장 필수요소인 보어의 구별이 다소 어렵게 보일 수 있다. 그렇지만 우리말과 영어의 의미를 잘 관찰하면 비교적 간단히 이해할 수 있다. 다음 문장들을 보자.

He is looking happy. (그는 행복하게 보인다.)
He is singing happily. (그는 행복하게 노래하고 있다.)

He seems confident. (그는 자신 있는 것 같다.)
He walks confidently. (그는 자신 있게 걷는다.)

These grapes taste sweet. (이 포도는 달콤하다.)
The girl smiles sweetly. (그 소녀는 감미롭게 미소 짓는다.)

위 각 쌍의 문장에서 전자는 불완전한 동사의 의미를 보충하기 위해서 보어 구실을 하는 형용사를 사용하였으며, 후자는 단순히 동사의 행위를 보다 구체적으로 설명하기 위해 수식하는 기능을 가진 부사를 사용하였다. 전자의 보어는 문장의 필수요소로서 생략하면 문장 전체의 의미가 성립하지 않지만, 후자의 수식어인 부사는 생략하더라도 문장의 의미가 성립한다. 보어는 주로 형용사 또는 명사를 사용하며, 수식어는 주로 부사 또는 형용사(명사를 수식할 경우)를 사용한다.

이제 우리말과 비교해보자.

- 우리말: 주어　+　보어　+　동사

　　　❶　　　❷　　　❸

　그녀가 근심스러워 하는 것처럼 들렸다.

- 영어: 주어 + 동사 + 보어

　　❶　❸　❷

　She sounded worried.

위의 우리말과 영어에서 ❷번이 없으면 ❸번 동사의 의미가 불완전하다. 따라서 이와 같이 우리말은 동사 앞에서, 영어는 동사 뒤에서 문장을 완성해 주는 구실을 하는 것을 보어라 한다. 반면 다음 문장을 보자.

- 우리말: **그 소녀가 근심스럽게 눈을 깜박이고 있다.**

　　　❶　　　❷　　　　　❸

- 영어: 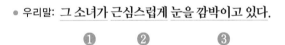The girl is blinking worriedly.

　　　❶　　　❸　　　❷

위의 문장에서 우리말과 영어의 ❷번은 ❸번 동사를 구체적으로 설명해 주는 수식어 기능을 하지만, 생략하더라도 문장의 의미가 불완전하거나 완성되지 않는 것은 아니다. 따라서 동사를 수식하는 부사를 사용하는 것이다. 물론 동사, 형용사, 다른 부사를 수식할 때에는 부사를 사용하지만, 명사를 앞에서 수식할 때에는 형용사를 사용한다. 그리고 이 경우 역시 형용사를 생략해도 문장은 틀리지 않는다. 다음 문장들을 보자.

We like the <u>kind</u> teacher. (우리는 친절한 선생님을 좋아한다.)

The girls all admired the <u>cute</u> guy.

(그 소녀들은 모두 그 귀여운 남자를 좋아했다.)

위의 문장에서 형용사는 단지 명사를 수식하며, 필수요소가 아니므로 생략할 수 있다.

예제 다음 우리말을 영어로 바꾸세요.

1) <u>그녀는 행복하게 보인다.</u>
  ❶   ❷   ❸

2) <u>그녀는 행복하게 웃고 있다.</u>
  ❶   ❷   ❸

Ans 1) _____

2) _____

Ans 1) She looks happy.
2) She is smiling happily.

07 명사를 이용한 부정문

일반적으로 우리말은 반드시 동사를 부정하여 부정문을 만들며, 영어도 대개
동사에 'not'을 추가하여 부정문을 만든다. 그러나 영어에서는 다음과 같이 동사
가 아닌 명사를 이용하여 부정문을 만드는 경우가 있다.

No one came to class as yet.

(아무도/누구도 아직 교실에 오지 않았다.)

(*Anyone didn't come to class as yet.)

None of them agree to the proposal.

(그들 중 누구도 그 제안에 동의하지 않는다.)

(*Any of them doesn't agree to the proposal.)

There is no salt on the table. (탁자에는 소금이 하나도 없다.)

There is nobody in the room. (방안에는 아무도 없다.)

위의 문장을 구조적으로 살펴보자.

● 우리말: 주어 + 부사구1 + 부사구2 + 동사(부정)

❶ ❷ ❸ ❹

아무도 아직 교실에 오지 않았다.

● 영어: **주어**(부정) + **동사** + **부사구2** + **부사구1**

❶   ❹   ❸   ❷

No one   came   to class   as yet.

　위의 예문에서 보는 바와 같이 우리말은 동사가 부정되어 있지만, 영어는 명사가 부정되어 있다. 그리고 우리말에서는 이런 종류의 부정문들은 전부 아무도/누구도/하나도/ 등의 강조어를 사용하고 동사를 부정하여 만든다. 반면, 영어는 동사뿐만 아니라 문장의 다른 성분 — 주어/목적어 또는 부사(구) — 을 부정하여 부정문을 만들 수도 있다. 따라서 우리말의 이런 부정문을 영어로 바꿀 때에는 우리말의 강조어 — 아무도, 하나도, 누구도 — 로 된 부분을 부정으로 처리하여 번역하면 된다. 그리고 동사를 부정할 때에는 부사인 'not'을 첨가하지만, 명사를 부정할 경우에는 형용사인 'no' 또는 부정대명사 — nobody, none, 등 — 을 사용한다. 이 경우 동사를 또 부정하지 않아야 한다. 그리고 영어에서는 주어에 'any'가 있을 경우 — anybody, any one, 등 — 동사를 부정하지 않고 주어를 부정으로 만드는 점에 유의해야 한다.

예제 다음 우리말을 영어로 바꾸세요.

누구도/아무도 그 질문에 대답하지 못했다.

　　❶　　　　❷　　　　❸

Ans　_____

Ans No one could answer the question.
　　　*Anybody couldn't answer the question.

08 목적어와 보어가 있는 문장 (1)

영어 단문에는 문장의 모든 필수 요소—주어, 동사, 목적어, (목적)보어—가 전부 포함된 문장이 있다. 이 경우에는 주어, 동사, 목적어, 목적보어의 순서대로 배열해야 한다. 목적보어로는 주로 명사 또는 형용사가 사용된다. 이런 종류의 문장은 목적보어가 목적어에 대한 보충설명을 하는 역할을 하므로, 생략할 경우 문장의 의미가 불완전해거나, 전혀 다른 문장이 된다. 또한 우리말로 해석하면, 목적어와 보어가 주어 동사처럼 해석되므로 유의해야 한다. 다음 예문을 보자.

We found the gag very funny.
(우리는 그 개그가 매우 익살스럽다는 것을 알았다.)

We should keep our hands clean.
(우리는 우리 손이〔을〕 깨끗하게 유지해야 한다.)

We appointed her our delegate to the convention.
(우리는 그녀를 그 회의에 우리들의 대표로 임명했다.)

위의 문장을 우리말과 비교하여 구조적으로 살펴 보자.

● 우리말: 주어 + 목적어   +   보어 (형용사)   +   동사
         ❶   ❷   ❸   ❹
  우리는 그 개그가 매우 익살스럽다는 것을 알았다.

● 영어: **주어 + 동사 + 목적어 + 보어**(형용사)

❶   ❹   ❷   ❸

We   found   the gag   very funny.

위의 구조에서 ❸번은 목적어인 ❷번에 대한 보충 설명을 하고 있다. 또한 여기에서 ❸번을 생략하면 전혀 다른 문장이 되거나 틀린 문장이 된다. 따라서 ❸번에 있는 단어들이 ❷번 목적어에 대한 설명을 보충하므로 목적보어라고 한다. 또한 보어는 앞서 언급한 바와 같이 명사 또는 형용사를 사용해야 하며 부사를 사용해서는 안 된다. (학자에 따라 동사 뒤에 있는 장소의 부사구는 보어로 취급하기도 한다.) 때로 동사에 따라서 목적어와 목적보어를 하나의 절로 표현할 수도 있다. 이 경우, 다음과 같이 하나의 절로 표현되며 우리말과 유사하다.

We found that the gag was very funny.

(우리는 그 개그가 매우 재미있다는 것을 알았다.)

그러나 위의 동사 keep, appoint는 이런 방식으로 전환되지 않는다. 즉, 목적어와 보어가 있는 동사가 모두 절로 전환이 가능한 것이 아니므로 유의해야 한다.

예제 다음 우리말을 영어로 바꾸세요.

그녀의 친구들은 그녀를 니나라고 부른다.

❶   ❷   ❸   ❹

Ans _____

_____

Ans Her friends call her Nina.

09 목적어와 보어가 있는 문장 (2)

한편 주어+동사+목적어+목적보어(5형식 구문)로 구성된 문장에서, 목적보어 앞에 여러 가지 종류의 전치사가 수반되는 경우가 있다. 다음 예문을 보자.

They look on [regard] the commander as their role model.

(그들은 그 지휘관을 모범적인 사람으로 간주한다.)

They mistook [took] him for the new supervisor.

(그들은 그를 새 감독관으로 오해했다.)

We should keep our kids off cigarettes.

(우리는 자녀들이 담배를 피우지 않도록 해야 한다.)

위의 문장을 구조적으로 살펴보자.

● 우리말: 주어 + 목적어 + 보어 (명사(구)) + 동사

❶ ❷ ❸ ❹

그들은 그 지휘관을 모범적인 사람이라고 생각한다.

● 영어: 주어 + 동사 + 목적어 + 보어(전치사 + 명사)

❶ ❹ ❷ ❸

They look on the commander as their role model.

위의 구조에서 보는 바와 같이 이런 경우 영어의 'as'는 우리말에서는 구체적으로 나타나지 않고 있다. 영어의 경우, 대개 이런 유형의 표현은 동사에 연계된 관용어(또는 숙어)로 취급되고 있다. 또한 동사에 따라 뒤에 수반되는 전치사가 다르다. 따라서 이런 문장은 동사와 전치사를 연결하여 외워 놓거나 또는 이런 동사가 포함된 간단한 문장을 외워두면 정확한 작문을 할 수 있다.

예제 다음 우리말을 영어로 바꾸세요.

우리는 모든 과업을 하나의 의무라고 생각해야 한다.
  ❶   ❷   ❸   ❹

Ans _____

Ans We should regard every assignment as a duty.

10 주어의 형태: 동명사, 부정사

일반적으로 우리말이나 영어에서 주어는 명사 또는 대명사가 사용된다. 그러나 반드시 명사나 대명사만 주어가 되는 것은 아니라, 문장에 따라 '동사+ing'(동명사), 또는 'to+동사'(부정사)가 주어로 사용되기도 한다. 다음 문장을 보자.

Jogging [To jog] every day improves your health.
(매일 조깅하는 것은 건강을 증진한다.)

Commuting [To commute] to work by subway can save a lot
of money. (지하철로 직장에 통근하는 것은 많은 돈을 절약할 수 있다.)

To err is human. (실수하는 것은 인간적이다.)

To see you is always a pleasure. (당신을 만나면 항상 기쁩니다.)

How To begin is very important. (어떻게 시작하는가는 매우 중요하다.)

위의 문장을 구조적으로 살펴보자.

42 실용 모델 영작문

● 영어: 주어(동명사) + 부사 + 동사 + 목적어

Jogging every day improves your health.

위에서 보는 바와 같이 영어의 주어 위치에 '동사+ing(동명사)'가 사용된 것을 알 수 있다. 그리고 주어 자체의 내부구조를 하나로 묶으면(이를 주부라고 한다), 주어+동사+목적어로 된 구조와 다를 바가 없다. 그리고 이런 경우 동사에 'ing'를 첨가하여 명사 대신 사용한다고 동명사(動名詞)라 한다. 또한 동명사, 'jogging' 대신 'to+동사'를 이용하여 주어의 기능을 하는 경우도 있다. 실제 'to+동사' 형태를 이용하여 영어에서는 주어, 목적어, 보어, 부사구로 다양하게 이용할 수도 있다. 그리고 이런 형태가 문장 속에서 다양한 기능을 가지므로 부정사(不定詞)라고 부른다. 위의 경우 'to+동사'가 명사 대신 주어로 이용되었으므로, 부정사의 명사적 용법이라고 한다. 동명사 또는 부정사가 주어로 사용된 경우, 우리말로 해석하면, 우리말의 주격어미 '-은, -는, -이, -가'가 붙는다.

중요한 것은 이런 동명사와 부정사는 문장에서 주어 기능을 하면서, 동시에 동사의 기능을 가지므로 내부적으로 목적어, 보어, 수식어를 가질 수 있고 이로 인해 문장 전체는 다소 복잡해 질 수 있다. 구체적으로 위의 또 다른 예문을 보자.

● 우리말: 부사구1 + 부사구2 + 주어(동명사) + 목적어 + 동사

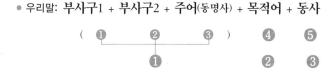

지하철로 직장에 통근하는 것은 많은 돈을 절약할 수 있다.

● 영어: **주어**(동명사) + **부사구**1 + **부사구**2 + **동사** + **목적어**

(❸   ❷   ❶)   ❺   ❹

❶   ❸   ❷

<u>Commuting</u>   <u>to work</u>   <u>by subway</u>   <u>can save</u>   <u>a lot of money.</u>

위의 구조에서 보는 바와 같이 우리말은 수식어인 부사구가 앞에 붙지만, 영어는 수식어가 뒤에서 연결된다. 그리고 괄호의 주어부분(주부)를 한 묶음으로 처리하면 전체적으로는 단순히 주어+동사+목적어와 같은 구조를 지니고 있음을 알 수 있다.

예제 다음 우리말을 영어로 바꾸세요.

휴대폰으로 채팅하는 것이 요즈음 매우 유행하고 있다.

❶   ❷   ❸   ❹

Ans _____

Ans Chatting with smart phones is most popular these days.
     (이 경우 '요즈음'은 'popular'를 수식하므로 문장 뒤에 와야 한다.)

11 목적어의 형태: 동명사, 부정사

일반적으로 영어에서는 명사 또는 대명사가 문장 속에서 주어 또는 목적어 역할을 한다. 즉, 주어 위치를 차지하는 문장성분은 목적어 위치도 차지할 수 있는 것이다. 따라서, 앞 장에서 본 바와 같이 주어 위치를 차지하는 어휘성분들—명사, 대명사, 동명사, (명사적 용법의) 부정사—은 목적어 위치에서도 사용될 수 있다. 다음 예문들을 보자.

He is enjoying <u>his leisure time</u> at the seashore.

(그는 해변에서 여가시간을 즐기고 있다.)

I don't remember <u>telling</u> the story to you.

(나는 너에게 그 이야기를 한 기억이 없다.)

Do you want <u>to meet</u> at the cafe this evening?

(오늘 저녁 그 카페에서 만날래?)

위의 문장에서 보는 바와 같이 명사구, 동명사, 부정사가 목적어 구실을 할 수 있다. 위의 문장을 구조적으로 살펴보자.

● 우리말: 주어 + 부사구 + 목적어 + 동사

     ❶   ❷   ❸   ❹

<u>그는 해변에서 여가시간을 즐기고 있다.</u>

● 영어: **주어＋동사 ＋ 목적어 ＋ 부사구**

❶ ❹ ❸ ❷

He is enjoying his leisure time at the seashore.

위의 구조에서 유의해야 할 점은 문장의 주요소인 목적어 앞에 전치사구로 된 부사구가 와서는 안 된다는 것이다. 어순언어인 영어는 철저하게 동사＋목적어(또는 보어)＋부사구[전치사구]의 어순을 지킨다는 것을 명심해야 한다. 예를 들면 위의 문장들을 다음과 같이 표현하면 전부 틀린 문장이 된다.

*He is enjoying at the seashore his leisure time.

*I don't remember to you telling the story.

*Do you want at the cafe this evening to meet?

즉, 동사＋목적어(또는 보어)＋전치사구(부사구)의 배열순서는 영어의 거의 절대적인 어순이라고 볼 수 있다. 또한 동사 다음에 목적어가 '부정사(to＋ 동사)'인지 '동명사(동사＋ing)'인지는 동사의 성질에 따라 달라지므로 외워두어야 한다.

예제 다음 우리말을 영어로 바꾸세요.

나는 이번 여름에 하와이에 여행가기를 원합니다.

❶ ❷ ❸ ❹ ❺

Ans _____

Ans I want to take a trip to Hawaii this summer.

12 보어의 형태

영어에서는 보통 명사 또는 형용사가 주어 또는 목적어를 보충하는 보어로 사용된다. 그러나 그외 여러 가지 다양한 어휘가 보어로 사용될 수도 있다. 다음 문장을 보자.

That is <u>very important</u>. (그것은 매우 중요하다.)

That is <u>of great importance</u>. (　　　　 ″ 　　　　)

She feels <u>in good health</u>. (그녀는 건강하다고 느낀다.)

The movie is just getting <u>exciting</u>. (그 영화는 막 재미있어지고 있다.)

They got <u>excited at the news</u>. (그들은 그 소식에 흥분하였다.)

I feel <u>bored</u>. (나는 지겹다.)

I feel <u>bored with her complaints</u>. (나는 그녀의 불평이 지겹다.)

즉 형용사 대신 '전치사구', '동사+ing', '동사+ed' 등 다양한 어휘들이 보어로 사용되고 있다. 바꾸어 말하면, 전치사구, 동사+ing(현재분사), 동사+ed(과거분사)도 형용사의 의미를 가질 수 있으므로 보어로 사용이 가능하다는 것이다. 위의 문장을 구조적으로 살펴보자.

- 우리말: 주어 + 부사구 + 보어 + 동사

  ❶　　❷　　❸　❹

  <u>그들은</u> <u>그 소식에</u> <u>흥분</u> <u>하였다.</u>

- 영어: 주어 + 동사 + 보어 + 부사구

  ❶　❹　　❸　　　❷

  <u>They</u> <u>got</u> <u>excited</u> <u>at the news.</u>

　위의 문장에서 보어 자리에 형용사 대신 과거분사(동사+ed 형)가 보어구실을 하는 것을 알 수 있다. 이와 같이 동사가 '동사+ing' 또는 '동사+ed' 형태로 사용되어 형용사 구실을 겸할 때 이를 분사라고 한다. 전자는 현재분사 후자는 과거분사라 한다. 즉, 이런 형태는 동사의 본질적 기능을 유지하면서, 문장에서 형용사 기능을 동시에 가질 수 있기 때문에 분사(分詞)라고 부르는 것이다. 실제 현재분사는 동사의 진행형으로, 과거분사는 대과거시제(과거 이전 시제)를 나타낼 때에도 사용한다. 보어 뒤의 전치사구는 다양하므로, 전체(cluster)를 하나의 단어처럼 외우면 쉽게 사용할 수 있다. 이런 부류의 연결된 표현을 연어(collocation)라고 부르며 오늘날 컴퓨터의 발달로 언어습득이론에서 매우 활발하게 연구되고 있다.

　예제 다음 우리말을 영어로 바꾸세요.

　<u>나는</u> <u>그 소식에</u> <u>매우</u> <u>놀랐다.</u> / <u>그 소식은</u> <u>매우</u> <u>놀라웠다.</u>

Ans _____

Ans I was very frightened [surprised] at the news.
　　　The news was very frightening [surprising].

13 부사의 수식 기능

영어에서 부사는 다양한 기능을 가지고 있으며, 그 기능에 따라 위치도 다르지만 일반적으로 다음 4가지 기능을 가진다.

1) 동사를 수식하며, 주로 문장 마지막에 위치한다.

Thank you very much. (대단히 감사합니다.)

The sun shines brightly. (해가 밝게 비친다.)

단, 빈도, 정도의 부사는 수식하는 동사 앞에 위치한다.

He almost forgot about her birthday.

(그는 그녀의 생일을 하마터면 잊었다.)

She always [usually] goes to work at 7. (그녀는 항상 7시에 출근한다.)

2) 형용사를 수식하며, 형용사 앞에 위치한다.

The bolt was dangerously loose. (나사가 위험할 정도로 느슨하였다.)

3) 부사를 수식하며, 수식하는 부사 앞에 위치한다.

Light travels amazingly fast. (빛은 놀라울 정도로 빠르게 진행한다.)

4) 문두에서 문장의 관점이나 시점에 나타내며, 콤마(,)를 붙인다.

Nowadays, most people use smart phones.

(오늘날 대부분의 사람이 스마트폰을 사용한다.)

Geographically, the island is closer to Korea.

(지리적으로 그 섬은 한국에 가깝다.)

위의 세 번째 문장을 구조적으로 살펴보자.

- 우리말: 주어 + 부사구1 + 부사구2 + 동사

  ❶ ❷ ❸ ❹

  빛은 놀라울 정도로 빠르게 진행한다.

- 영어: 주어 + 동사 + 부사구1 + 부사구2

  ❶ ❹ ❷ ❸

  Light travels amazingly fast.

즉, 부사를 수식하는 부사는 우리말과 어순이 같은 것이다. 위에서 보는 바와
같이, 문장에서 부사는 다양한 수식 기능을 가지지만 그 기능과 위치도 매우 다양
하다. 따라서 문장의 내용에 따라 적절한 위치를 결정해야 정확한 문장이 될 수
있다.

예제 다음 우리말을 영어로 바꾸세요.

운 좋게도 그는 새로운 직업을 구할 수 있었다.

❶ ❷ ❸ ❹

Ans _____

___

Ans Fortunately, he could get a new job.

14 부정사의 수식 기능

영어에서 부사의 기능은 앞장에서 살펴본 바와 같다. 그러나 영어에서는 부정사(to+동사원형)도 부사의 기능을 가지고 있으며, 이 경우 부정사의 부사적 용법이라고 부른다. 물론 부사와 마찬가지로 문장의 한 성분을 수식하는 기능을 가지므로 생략을 해도 문장 전체가 틀리지는 않는다. 다음 예문들을 보자.

1) 앞의 형용사를 수식하는 기능

The food is <u>ready</u> to eat. (그 음식은 먹을 준비가 되어 있다.)

He is <u>slow</u> to react. (그는 반응이 느리다.)

2) 수식받는 성분의 이유, 원인을 나타내는 기능; ―하니, ―해서

I am <u>glad</u> to hear the news. (그 소식을 들으니 기쁘다.)

I felt <u>sorry</u> to have kept her waiting. (그녀를 기다리게 해서 미안했다.)

You are <u>foolish</u> to spend so much. (그렇게 많은 돈을 쓰니 어리석구나.)

3) 수식받는 단어의 정도를 나타내는 기능; ―하기에는

Chinese is <u>difficult</u> to learn. (중국어는 배우기에 어렵다.)

I don't have enough <u>money</u> to buy an apartment.

(나는 아파트를 구입하기에 할 충분한 돈이 없다.)

4) 수식받는 단어의 이유나 목적을 나타내는 기능; ―하기 위해서

We should <u>work</u> hard to achieve our purpose.

(목표를 달성하기 위해서는 열심히 노력해야 한다.)

To write effectively, you must know something about sentence structure.

(효과적으로 글을 쓰기 위해서는, 문장구조에 대한 지식이 있어야 한다.)

5) 독립적으로 문장 전체를 수식하는 기능; 관용적 용법

To tell the truth, I am broke. (사실은 나는 돈이 없다.)

To begin with, you should word hard. (우선 열심히 노력해야 한다.)

위의 문장에서 두 번째 이유, 원인의 문장을 구조 분석해 보자.

● 우리말: (부정사의 목적어 + 부정사) + 주어 + (보어 + 동사)

● 영어: 주어 + (동사 + 보어) + 부정사 + 부정사의 목적어

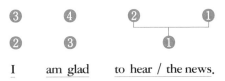

위의 구조는 결국 주어+동사+보어 구문에 보어를 수식하는 부사구가 뒤에 결합된 형태와 같은 것이다. 위의 예문에서 모든 부정사는 밑줄 친 형용사, 동사, 문장 전체를 수식하는 기능을 한다. 즉, 영어의 부정사('to+동사'형)는 ―할(수식 어미), ―하니(이유, 원인의 어미), ―하기에는 (정도의 어미), ―하기 위해서(목적의

어미), 등 다양한 수식기능을 하고, 그 기능이 문장의 의미해석에서 결정되기 때문에 일견 다소 복잡해 보인다. 그러나 부사와 같은 수식기능을 가지며, 수식하는 단어의 뒤 또는 문장 전체를 수식하기 위해서는 문두에 오고, 부정사에 포함된 동사 고유의 기능에 의해 내부적으로 목적어, 부사를 따로 가질 수 있다는 점만 명심하면 된다.

예제 다음 우리말을 영어로 바꾸세요.

생일선물을 사러 그녀는 백화점에 갔다.

Ans _____

Ans She went to a department store to get [buy] a birthday present.
To get [buy] a birthday present she went to a department store.

15 주어 역할을 하는 절

일반적으로 문장의 주어는 명사 또는 대명사가 된다. 그러나 하나의 절이 문장 전체에서 주어 구실을 할 수도 있다. 이 경우, 명사가 차지하는 주어 자리를 절이 대신하고 있으므로 명사절이라고 한다. 다음 문장을 보자.

It is important [clear] that we should do our best.
(최선을 다해야 하는 것은 중요하다[분명하다].)

It is obvious [likely] that we need to reform our educational system.
(우리의 교육제도를 바꿀 필요가 있다는 것은 분명하다[바꾸어야 할 것 같다].)

It is our duty that we make our family members happy.
(가족을 행복하게 하는 것은 우리의 의무다.)

It is essential [evident] that we shouldn't argue with others.
(다른 사람과 다투지 않는 것이 필수적이다[분명한 사실이다].)

What we think will make us happy is different from what actually does.
(우리를 행복하게 해줄 것이라고 생각하는 것과 실제로 우리를 행복하게 하는 것은 다르다.)

What I like best is the chance to work with my friends.
(내가 가장 좋아하는 것은 친구와 일할 기회이다.)

However long you want to spend with me is fine with me.
[It is fine with me however long you want to spend with

me.]

(아무리 나와 함께 오래 있어도 나는 괜찮다.)

위의 첫 번째 문장을 구조적으로 살펴보자.

● 우리말: 주부(주어 + 목적어 + 동사)　　　보어　　동사

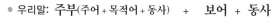

우리가 최선을 다해야 한다는 것은 중요하다.

● 영어: 주부(주어 + 동사 + 목적어) + 동사 + 보어

we should do our best　　is　important.

⇓ **주부의 표시가 필요**

That we should do our best is important. (주부 표시로 'that' 첨가)

⇓ **주부가 길다**

It is important that we should do our best.

(주부를 뒤로하고 빈 주어 자리에 형식주어[가주어] 'it' 첨가)

위와 같이 문장 속에 절이 하나의 성분으로 포함된 문장을 복문이라 한다. 그런데 위에서 보는 바와 같이 주부를 표시하는 주부의 경계가 분명하지 않다. 따라서 그 주부의 영역 표시 방법으로 여기서는 임의의 'that'(문장을 이끈다고 접속사로 취급한다)을 이용하여 문장전체가 하나의 주부라는 경계 표시를 한 것이다. 다음 단계로 영어는 주어가 지나치게 긴 문장을 회피하는 경향이 있다. 그 결과

'that'으로 표시된 주부전체를 문장 뒤로 전환하였다. 그리고 그로 인해 빈 주어자리에 어순의 형식 (주어+동사……)을 맞추기 위해 임의의 단어 'it'을 넣은 것이다. 영어에서는 이런 'it'을 형식을 맞추기 위한 형식주어 또는 가(짜)주어라고 한다. 실제 이런 문장은 '…것은 중요하다, 명백하다, 필연적이다, 분명하다, 있음직하다, 의무이다'와 같이 간단한 구조가 대부분이므로, 'it is'를 시작하여 'that' 속의 내용만 정리하면 의외로 간단하다.

그리고 두 번째 부분의 의문사—who, what, where, when, how—로 시작되는 문장 속에 있는 절은 조동사를 주어와 도치하지 않는다는 사실을 명심해야 한다. 예를 들어 다음 두 문장을 비교해 보자.

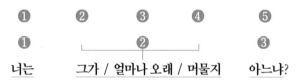

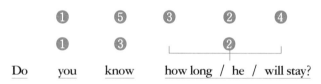

- 우리말: **주어 + (의문) 부사구 + 동사**

    ❶   ❷   ❸

그는   얼마나 오래 머물 예정입니까?

● 영어: (의문) **부사구 + 주어 + 동사**

          ❷   ❶   ❸

How long will he stay?

위에서 두 가지 예문에서 보는 바와 같이 주절 이외에 종속절[삽입절]은 어떤 경우에도 '주어+동사'의 어순이며 조동사를 도치하지 않는다는 점을 명심해야 한다.

[예제] 다음 우리말을 영어로 바꾸세요.

행복이 인간 존재(human existence)의 중심이다는 것은 명백하다.

[Ans] _____

[Ans] It is clear [evident] that happiness is central to human existence.

16 목적어 역할을 하는 절

앞장에서 본 바와 같이 일반적으로 문장의 주어, 목적어는 명사 또는 대명사가 된다. 그러나 주어와 동사를 가진 절이 문장 전체에서 하나의 목적어 구실을 할 수도 있다. 이 경우, 명사가 차지하는 목적어를 절이 대신하고 있으므로 역시 명사절이라고 한다. 다음 문장을 보자.

I don't know where he will go on summer vacation.

(나는 그가 여름방학에 어디 가는지 모른다.)

Everybody was embarrassed by what she told.

(모두가 그녀의 말에 당황하였다.)

Let whoever is talking finish what he is saying.

(누가 말하든 끝까지 말하게 하자.)

Don't laugh at what others say.

(다른 사람의 말에 비웃지 마라.)

위의 첫 번째 문장의 구조를 분석해 보자.

● 우리말: (주절)주어+(목적절)주어+부사(구)1+부사(구)2+(목적절)동사+(주절)동사

나는   그가 / 방학 중에 / 어디로 / 갈 것인지를   모른다.

- 영어: (주절)**주어**+(주절)**동사**+**부사**(구)2+(목적절)**주어**+(목적절)**동사**+**부사**(구)1

I don't know where / he / will go / during his vacation.

위의 구문에서 보는 바와 같이 목적어로 사용된 삽입절 전부를 하나로 묶으면 비교적 간단한 구조임을 알 수 있다. 그리고 우리말은 목적절 다음에 '을(를)'을 붙이므로 영어로 번역할 때 목적어 기능을 가진 삽입절로 처리하는 데 도움이 된다. 또한 삽입절 내부도 간단한 구조임을 알 수 있다. 그러나 다음 예문을 보자.

Where will he go during his vacation? (그는 방학 중 어디 가니?)

When will he go to Hawaii? (그는 하와이에 언제 가니?)

위의 의문문은 단독으로 문장을 구성하는 주절 속에 있으므로 조동사, 'will'이 주어 앞에 위치한다. 그러나 영어에서는 삽입절은 항상 평서문의 어순을 가지며 조동사가 주어 앞으로 와서 도치되는 경우는 없다. 따라서 위의 목적어로 된 삽입절도 'where he will'로 써야 되며, 'where will he'로 써서는 안 된다는 점을 유의해야 한다.

예제 다음 우리말을 영어로 바꾸세요.

하와이까지 얼마나 먼지 (당신은) 아십니까?

Ans _____

Ans Do you know how far it is to Hawaii?

17 형용사 역할을 하는 절
: 관계대명사절, 관계부사절

영어에서 형용사는 보어 역할을 할 경우에는 필수요소이지만, 수식어 역할을 할 때에는 생략하더라도 문장은 틀리지 않는다. 그리고 영어에서는 명사를 수식하거나 설명하는 역할을 하는 모든 종류의 단어, 구, 절을 형용사 역할을 한다고 본다. 여기에서는 절이 형용사 역할을 하는 경우를 보자.

This is the problem that [which] we will discuss today.

(이것이 우리가 오늘 토의할 문제이다.)

The book which I ordered last month arrived.

(내가 지난달 주문한 책이 도착했다.)

The house where [in which] he lives is located in the suburbs.

(그가 살고 있는 집은 교외에 있다.)

I don't remember the day when [on which] she left.

(나는 그녀가 떠난 날을 기억하지 못한다.)

위의 밑줄 친 절은 앞의 명사를 수식하는 형용사역할을 하므로 형용사절이라고 한다. 보다 구체적으로 위의 첫 번째 문장의 형성과정부터 살펴보자.

1) 이것이 (그) 문제다. 우리는 그것을 오늘 토의할 것이다.

This is the problem. We will discuss it [the problem] today.

위의 문장을 결합해보자.

2) 이것이 (그) 문제이며, 우리는 오늘 그것을 토의할 것이다.

This is the problem and we will discuss it today.

3) 이것이 우리가 오늘 토의할 문제이다. (우리말에서 중복되는 '그것을'이 생략됨)

This is the problem (　　) we will discuss today.

위의 우리말과 영어의 결합과정을 보면 두 개의 문장에서 동일한 한 가지 요소, '그것' 또는 'it'이 생략되었음을 알 수 있다. 이제 3)의 우리말을 영어로 번역해 보자.

● 우리말: (주절)주어 + 삽입절 주어 + 부사 + 동사 + 보어 + (주절)동사

● 영어: (주절)주어 + (주절)동사 + 보어 + 삽입절 주어 + 동사 + 부사

위의 우리말 문장을 영어로 번역할 때 다음과 같은 공통점과 차이점을 볼 수 있다.

첫째, 우리말과 영어는 꼭 같이 두 문장을 결합할 때 공통되는 요소를 생략한다. 즉 결합할 문장에서 주절의 'the problem'과 공통되는 요소가 생략된 것을 볼 수 있다.

둘째, 우리말은 '…할'이라는 어미를 이용하여 뒤에 나오는 명사와 수식한다. 반면 영어는 접속사와 같이 연결 기능을 하는 어휘―여기서는 'that'―를 이용하여 수식할 명사의 뒤에 연결하는 것을 볼 수 있다.

셋째, 삽입절의 원래 위치에 따라서 다양한 어휘를 이용하여 연결한다: 예를 들면 원래 위치가 주어 또는 목적어였으면 'who, whom, which, that'을 사용하고 이를 관계대명사라고 부른다. 반면, 부사(구) 위치였으면 'where, when, how, why'를 사용하고 이를 관계부사라 부른다. 그리고 수식하는 관계절을 명사 뒤에 배치하면 문장이 완성되며, 수식하는 관계절만 제거하면 단문의 어순과 같다. 이런 기본적인 사항만 설명하고, 보다 세부적인 설명은 생략하기로 한다.

예제 다음 우리말을 영어로 바꾸세요.

어제 내가 읽은 책은 감동적 이었다.

Ans _____

Ans The book which I read yesterday was moving.

18 부사 역할을 하는 절
: 조건, 시간, 양보절

영어에서는 문장의 필수요소는 아니지만, 다음과 같이 주절 전체를 수식하는 다양한 부사절이 있다. 이 절들은 모두 단순히 수식을 하는 부사와 동일한 구실을 한다.

1. 주절의 조건을 설명하는 조건의 부사절이 있다.

You will succeed if you work hard.

(열심히 노력하면 성공할 것이다.)

If you treat her kindly, she'll do anything for you.

(그녀에게 친절하면, 그녀는 너를 위해 무엇이든 해줄 것이다.)

2. 주절의 시점을 나타내는 시간의 부사절이 있다.

I will buy our tickets when I arrive at the airport.

(공항에 도착하면 표를 살 것이다.)

When I finish my project, I will take some break.

(과업을 끝내면 휴식을 취할 것이다.)

위의 조건과 시간의 부사절은 주절을 수식하는 부가적인 요소이다. 여기에서 유의해야 할 점은 주절이 미래라도 조건과 시간의 부사절 속의 동사는 현재로 쓴다는 것이다. 이 점은 우리말과 유사하다. 위의 문장구조를 우리말과 비교해보자.

- 우리말: <u>주어+부사+동사의 현재형</u>+주절 주어+미래형 주절 동사(본동사)

  　　　부사절　　　　+주절 주어+미래형 주절 동사(본동사)

  너가 / 열심히 / 공부한다면   너는   성공할 것이다.

  　　❶　　　　　　　❷　　❸

- 영어: 주절 주어+미래형 주절 동사(본동사)+<u>접속사+주어+동사의 현재형+부사</u>

  주절 주어+미래형 주절 동사(본동사)　+　부사절

  You　　will succeed　　if / you / work / hard.

그러나 'when' 또는 'if'로 시작되는 절이 목적어 구실, 즉 명사절로 이용될 때에는 미래형 조동사, 'will'이 사용된다는 점을 유의해야 한다. 아래의 예문을 보자.

I don't know when he <u>will arrive</u> at the airport.

(나는 그가 언제 공항에 도착할 것인지를 모른다.)

I don't know if he <u>will go</u> there.

(나는 그가 거기에 갈지 안 갈지를 모른다.)

또한 영어에서는 'if'절 속의 내용이 불가능한 사실일 경우에는 가정법 구문이라고 하며, 이 경우에는 일반적인 조건법과 달리 'if'절 속에 한 단계 앞선 시제를 사용한다. 즉 'if'절의 내용이 현재 불가능하다면 과거시제를, 과거 불가능했다면 과거완료 (had + 과거분사) 시제를 사용한다.

(가정법)

If he had much money, he would buy the apartment.

(그가 돈이 많다면 그 아파트를 살 텐데.) (현재 자금이 없음)

그러나 실제 많은 돈이 있을지 모르는 경우에는 다음과 같이 현재로 표현할 수 있다.

If he <u>has</u> much money, he will buy the apartment.

(그가 돈이 많다면 그 아파트를 살 것이다.) (자금이 많은지 모름)

If he had had much money, he would have bought the apartment.

(그가 돈이 많았다면 그 아파트를 구입했을 텐데.) (과거 자금이 없었음)

예제 다음 우리말을 영어로 바꾸세요.

<u>눈이 내릴 때에는</u> 한라산에 하이킹가고 싶다.

Ans _____

Ans <u>When it snows, I want to go hiking at Mt. Halla.</u>

19 문장 전환: 수동태

영어에서는 동사에 대한 주어의 의미상 역할을 태(voice)라고 한다. 주어가 동사의 행동을 주체적으로 행하는 역할이면 능동태, 주어가 동사의 영향을 받는 수동적 관계이면 수동태로 나타낼 수 있다. 다음 예문을 보자.

The plane <u>was refueled</u> and <u>took off</u> for London.

(비행기가 재급유를 받고, 런던으로 이륙했다.)

The bomb destroyed the building. (폭탄으로 건물이 파괴되었다.)

위의 첫 번째 문장에서 보는 바와 같이, 앞의 절에서는 비행기가 재급유를 받는 대상이므로 수동태(be+과거분사)로, 뒤의 절에서는 비행기가 직접적인 행위자이기 때문에 능동태로 표현한다. 이런 사항은 주어와 동사와의 의미관계를 이해하여 표현하면 된다. 다만 위의 두 가지 문장에서 보는 바와 같이 영어에서는 사물도 행동의 주체로 간주하여 능동태로 표현하는 경우가 많다는 점에 유의해야 한다.

그러나 다음과 같이 소유, 성질, 상태에 관련된 표현은 수동태로 나타내지 않는다.

He has [possesses] a lot of property. (그는 많은 재산을 가지고 있다.)

⇒ *A lot of property is had [possessed] by him. (*많은 재산이 그에게 소유된다.)

She resembles her father. (그녀는 자기 아버지를 닮았다.)

⇒ *Her father is resembled by her. (*그녀의 아버지가 그녀에 의해 닮아진다.)

This dress fits [becomes] me. (이 옷은 나에게 맞다.)

He lacks confidence. (그는 자신감이 부족하다.)

위와 같이 소유나 상태를 나타내는 동사—have, resemble, fit [become], lack, equal—는 의미 관계상 우리말과 유사하게 수동으로 표현하지 않는다는 사실에 유의해야 한다.

그리고 가장 중요한 점은 수동태를 전환되었을 때 전치사를 적절히 사용해야 한다는 점이다. 다음 예문을 보자.

A famous anchor man announced the news

⇒ The news was announced by a famous anchor man.

(유명 앵커가 그 소식을 보도했다.)

The news worried me.

⇒ I was worried about the news. (그 소식에 걱정이 되었다.)

The news surprised [alarmed] me

⇒ I was surprised [alarmed] at the news. (그 소식에 놀랐다.)

Everybody knows the news

⇒ The news was known to everybody. (누구나 그 소식을 안다.)

The news pleased me.

⇒ I was pleased with [at] the news.(그 소식에 기뻤다.)

위와 같이 동사에 따라 수동태에서 사용되는 전치사가 달라지므로 외워 두어야 한다.

예제 다음 우리말을 능동과 수동 두 가지로 번역하세요.

그가 그녀와 결혼한 지 30년이 지났다.

Ans _____

Ans He has married her for 30 years.
He has been [has got] married to her for 30 years.

20 문장구조

  영어는 동일한 의미를 다양하게 표현하는 방법이 있으며, 이런 특성은 우리말에는 잘 드러나지 않으므로 충분히 이해하고 있어야 작문에 도움이 된다. 즉, 같은 동사라도 다양한 문법적 표현이 있다. 일반적으로 영어에는 동사 이하 부분의 명제(proposition) 또는 문장의 의미를 표현하는 방법에는 네 가지가 있다.

  (1) 절(주로 접속사, 'that'을 사용함)로 표현하는 것이다.
  (2) 목적어+(to) 부정사로 표현하는 것이다.
  (3) 목적어+보어로 표현하는 것이다.
  (4) 목적어+전치사+보어 (명사또는 형용사)로 표시하는 것이다.

  위의 네 가지 표현 방식은 동사에 따라 다르므로 암기해 두는 것이 효과적이다. 그리고 동사마다 표현방식이 다르다. 다음 몇 가지 경우는 알아두면 편리하다.

  첫째, 주로 생각 또는 사고를 나타내는 동사―think, believe, consider, find 등―는 (1), (2), (3) 세 가지 방법으로 표현할 수 있다. 다만 'consider'는 (4)로도 표현할 수 있다. 다음 예문을 보자.

  ● **우리말: 나는 <u>수미가 영리한 학생이라고</u> 생각한다.**

  위의 우리말의 밑줄 친 부분은 다음과 같이 번역이 가능한 것이다.

- **영어:** I consider [think, believe] (that) Sumi is a bright student.

  ('that' 절로 표현)

  I consider [think, believe] Sumi to be a bright student.

  ('to' 부정사로 표현)

  I consider [think, believe] Sumi a bright student.

  (목적어와 보어)

  I consider [think of] Sumi as a bright student.

  (전치사구로 표현)

흔히 사용하는 동사 'know'는 (1), (2), (4)의 방식으로만 표현한다는 것을 알아두어야 한다.

- **우리말:** 많은 사람들은 그녀가 친절한 여자라고 알고 있다.
- **영어:** Many people know that she is a kind woman.

  Many people know her to be a kind woman.

  Many people know her as a kind woman.

둘째, 요구, 권유, 명령, 지시를 나타내는 동사는 주로 '목적어+부정사'의 (2)와 같은 형식으로 표현한다. 다음 예문을 보자.

- **우리말:** 나는 그가 우리와 함께 산행가기를 원했다 [요청했다].
- **영어:** I wanted [invited, begged, forced] him to go hiking with us.

  *I wanted [invited, begged, forced] that he would go hiking with us.

- **우리말:** 나는 그에게 <u>의사에게 가보라고</u> 말했다[설득했다].
- **영어:** I told [persuaded] him to see a doctor.

  *I told [persuaded] that he should see a doctor.

유의할 점은 요구 또는 허용의 의미를 가지는 사역동사(시키는 동사) 중에서 'have, make (시키다), let(허용하다)'은 관습상 보어 앞에 'to'를 사용하지 않는다는 점을 명심해야 한다.

- **우리말:** 그는 <u>훈련병들이 바닥을 물걸레질하라고</u> 시켰다.

  He had [made, let] the trainees <u>mop</u> the floor.

  ⇒ He got [forced, allowed] the trainees to <u>mop</u> the floor.

셋째, 주장이나 표현을 나타내는 동사, 'say, insist, claim 등'은 (1)과 같이 주로 (that)절로 표현하는 경우가 많다.

He said [insisted, claimed] that she (should) be treated fairly.

*He said [insisted, claimed] her to be treated fairly.

넷째, 그 외 몇몇 동사는 '동사+목적어+전치사+명사(또는 형용사)'의 형식으로 (4)와 같이 표현하는 경우가 있다. 여기에는 'think of, consider, describe, acknowledge, conceive' 등이 포함된다.

They regard [looked on, describe, consider] him <u>as</u> one of my best friends.

I took [mistook] the cloud <u>for</u> an island.

He acknowledged it as true. (=He acknowledged that it was true.)

이와 같이 동사 이하의 사실 또는 명제를 표현하는 방법이 영어에서는 매우 다양하다. 그러나 위의 기본적인 특성을 잘 이해하고 있으면, 우리말을 영어로 번역하는 데 많은 도움이 될 것이다.

실제, 모든 언어는 예외가 많고, 비과학적이며, 항상 조금씩 변화하는 유기체의 특성을 지니고 있으므로 가능하면 유용하고 아름다운 짧은 문장을 많이 읽고 외우면 영어 구문의 특성도 자연스럽게 이해할 수 있다. 그리고 흔히 말하듯이 주제를 정하여 많이 쓰고 교정하는 연습도 좋은 방법이지만 이 경우 원어민의 도움이 필요하다. 그리고 이 책의 모든 내용을 이해하면 원어민의 도움없이도 영작에 대한 최소한의 기본적인 능력을 갖출 수 있을 것이다.

예제 다음 우리말을 영어로 바꾸세요.
우리는 그의 생각이 참신하다는 것을 알았다.

Ans _____

Ans We found [knew] (that) his idea was novel.
We found [knew] his idea to be novel.
We found his idea novel.
*We found his idea as novel.
We knew his idea to be novel.

21 문장의 종류

문장은 대문자로 시작하여 구두점 [마침표(.), 감탄표(!), 의문표(?)]으로 끝난다. 한 문장 속에는 절(clause)이 최소한 하나 이상 포함되어있다. 그리고 하나의 (독립)절로 구성된 문장을 단문(simple sentence)이라 한다. 다음 예문을 보자.

He finished his homework. (그는 숙제를 끝마쳤다.)

He left the library. (그는 도서관을 나갔다.)

그러나 위의 두 개의 절을 하나로 결합하여 한 문장으로 만들 수 있다.

He finished his homework and (he) left the library.

(그는 숙제를 끝내고, 도서관을 나갔다.)

위의 경우 '숙제를 마친 것'과 '도서관을 떠난 것' 둘 다 대등한 관계로 연결되었으므로 이런 문장을 중문(compound sentence)이라고 한다. 보통 접속사 'and, but, for'로 연결된 문장을 중문이라 한다. 실제 'for'는 'since, because'와 의미가 같지만 문법에서는 중문을 만든다고 본다.

그런데 위의 문장에서 중심이 되는 주절(main clause)과 종속절(subordinate clause)로 구분하여 연결할 수 있다.

He finished his homework before he left the library.

(주절)　　　　　　　　　　　　　　　　　　(종속절)

(그는 도서관을 나오기 전에 숙제를 마쳤다.)

위의 경우 '숙제를 마쳤다'가 중심이므로 이를 주절이라고 한다. 반면에 도서관을 떠난 것에 중심을 두면 다음과 같이 표현할 수 있다.

After he finished his homework, he left the library.

(종속절)　　　　　　　　　　　　　　　(주절)

(그는 숙제를 마친 다음에 도서관을 나왔다.)

He finished his homework, so he left the library.

(주절)　　　　　　　　　　　　　(종속절)

(그는 숙제를 끝마쳐서, 도서관을 떠났다.)

위의 전자는 '도서관을 나왔다'가 주절이고, 후자는 '숙제를 마쳤다.'가 주절이다. 시간의 접속사(after, before), 이유·원인의 접속사(since, because, as), 조건의 접속사(if, whether), 양보의 접속사(though, although), 결과의 접속사 (so) 뒤에 나오는 절은 문장의 중심이 아니므로 종속절로 취급한다.

물론 종속절은 문장부호－세미콜론(;) 또는 콜론(:)－와 부사를 이용하여 표현할 수도 있다.

He finished his homework; therefore, he left the library.

(그는 숙제를 마쳤다. 그러므로 그는 도서관을 나갔다.)

또한 다음과 같이 중문과 복문이 결합된 혼합문(mixed sentence, compound-complex sentence)도 있다.

When I sit in my chair, I have a beautiful view of the sea behind and I have a beautiful hill in front.

(내가 의자에 앉으면 뒤쪽에는 아름다운 바다가 있고, 앞쪽에는 아름다운 언덕이 있다.)

[예제] 다음 우리말을 단문, 중문, 복문으로 표현하세요.

그녀는 커다란 검은 안경을 끼고 있었다. 아무도 그녀를 알아보지 못했다.

[Ans] _____

[Ans] She wore hugh dark glasses. No one recognized her. (단문)
She wore hugh dark glasses, and no one recognized her. (중문)
She wore hugh dark glasses, so no one recognized her. (복문)
Because [As] she wore hugh dark glasses, no one recognized her. (복문)
She wore hugh dark glasses; therefore [as a result], no one recognized her. (복문)

제2부

주제별 작문

Topic Writing

01 시간 (Time)

A. 모델 문장 연습 (Model Sentence Practice)

* 주어진 예문을 참고하여, 우리말을 영어로 옮기세요.

---

1. 이 시계는 잘 맞는다.

This watch keeps good time.

Q: 이 시계는 잘 맞지 않는다.

_____

 Note (시계가) 잘 맞다; keep good [correct, right] time. 맞지 않다;
keep bad time ('*keep incorrect time'은 사용하지 않는다.)

e.g. ● 내 시계가 한 번 떨어뜨린 후로 잘 맞지 않는다.
My watch has not kept good [correct, right] time since I
dropped it.
● 너 시계 맞는 거야?
Does your watch keep right time?

Ans This watch keeps bad time.

---

2. (시계를) 5분 빠르게 해 놓았다.

I set it [my clock] 5 minutes fast [ahead].

Q: (시계를) 5분 느리게 해 놓았다.

_____

Note (시계를) 맞춰 놓다; set it [my clock, the clock]

e.g. ● 5시 30분에 알람을 맞춰 놓았다.
I set the alarm [the clock] for five thirty.
I set my alarm [my clock] to go off [ring] at five thirty.

Ans I set it [the clock] 5 minutes slow/back.

---

3. 내 시계는 3분 정도 느립니다.

My watch is 3 minutes (too) slow.

My watch is too slow by some [about, around] 3 minutes.

Q: 내 시계는 3분 빠릅니다.

Note 형용사 slow, fast 앞의 숫자가 복수면 복수형 minutes를 쓴다.

e.g. ● 내 시계는 하루에 1분 빠릅니다 [느립니다].
My watch gains [loses] one minute a day.
● 텔레비전 시간 표시에 따라 네 시계를 똑바로 맞추어라.
Set your watch (aright) by the TV time signal.

Ans My watch is 3 minutes (too) fast.

My watch is too fast by some 3 minutes.

---

4. 5시에 꼭 깨워 주세요.

Don't forget [fail] to wake me (up) at five, please.

Q: 내일 아침 5시에 모닝콜을 부탁합니다.

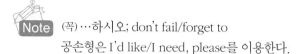

Note (꼭) ⋯하시오; don't fail/forget to
공손형은 I'd like/I need, please를 이용한다.

e.g. ● (기내에서) 식사 전에 깨워 주세요.
Please wake me up before meals.
　● 꼭 전화해 주시오.
Don't fail [forget] to call me, please.
　● 9시 전에는 꼭 집에 돌아오너라.
Don't fail [forget] to return [come back] home before nine.
　● 잊지 말고 내일은 꼭 오세요.
Don't fail [forget] to be here tomorrow.

Ans I'd like [need, want to receive] a morning call tomorrow

morning at five.

I'd like a wake-up call tomorrow morning at five.

---

5. 언제 찾아뵈면 좋을까요?

When shall I call on you?

Q: 몇 시쯤 좋겠어요?

Note 방문하다; call on (+사람), call at (+장소), stop [drop, come]
by, drop around, drop in on, visit. 여기에서 visit는 다소 공
식적인 표현이다.

e.g. ● 10일 날 방문하고 싶습니다.
I'd like to visit [call on] you on the 10th.

Ans What time will be convenient for you?

When will it be convenient for you?

*When will be convenient for you?

(What time은 명사로 주어가 될 수 있으나, when은 단독으로 주어로 사용되지 않으므로 비인칭주어[형식을 맞추기 위해 시간, 날씨 등에 사용하는 주어] it이 필요하다.)

---

6. 나는 오랜만에 친구 집을 방문하였다.

I visited [called at] my friend's home after a long time.

I stopped [dropped, came] by my friend's home after a long time.

I dropped in on my friend at home after a long time.

Q: 나는 오랫동안 친구들을 만나지 못했다.

_____

 Note 오랫동안; (for) a long time, for a long while

e.g. ● 어른들은 오랫동안 화를 안 푸는 경향이 있다.
Adults tend to stay angry a long time.

Ans I haven't seen my friends for a long time.

---

7. 얼마나 머물 예정입니까?

How long are you going [intending] to stay?

Q: 얼마나 오랫동안 보관하고 싶습니까?

_____

Note 보관하다, 맡기다; keep

날짜를 쓸 때는 서수 또는 기수를 쓸 수 있지만, 읽을 때는 반드시 서수로 읽는다.

e.g. ● 8월 9일까지 머물 겁니다.
　　　I'll stay there until August 9(th).
　　 ● 여권은 안전한 곳에 보관하세요.
　　　Keep [Put] your passport in a safe place.

Ans How long would you like us to keep it?

---

8. 나는 그곳에 8시 30분까지 있었습니다.

I stayed there until half past eight.

Q: 나는 할 수 있는 한 오랫동안 물 속에 있었다.

_____

Note By; —까지(시간의 한정)

Until, As long as; —까지 계속해서(시간의 연속)

e.g. ● 11시까지는 집에 오너라.
　　　Come back home by eleven. ('at home'으로 쓰지 말 것.)
　　 ● 나는 지난밤 11시까지 소설을 읽었다.
　　　I read a novel last night until eleven.
　　 ● 그는 지칠 때까지 계속 달렸다.
　　　He ran on and on until he was completely tired out.

Ans I stayed in the water as long as I could.

I endured under water (for) as long as I could.

I held my breath under water **(for) as long as** I could.

('for as long as'에서 'for'를 생략할 수도 있다.)

9. 전투는 10일이나 계속되었다.

The fight [combat] lasted (for) **as many as ten days.**

The fight [combat] lasted for ten days.

Q: 김 박사는 1시간 이상이나 연설을 하였다.

_____

 Note 전투, 투쟁; fight, combat, conflict. 그 정도로; as many as,
for. —이상 : over, more than

e.g. ● 그 배는 12척 정도의 잠수함에 병참 및 기술적 지원을 할 능력을
가졌다.
The ship had the capability to provide logistic and technical
support for as many as 12 submarines.

Ans Dr. Kim made an address [delivered a speech] for more
than [over] an hour.

10. 일주일 내내 어디에 갔지?

Where have you been all week?

Q: 지난 2주간 어디에 갔다 왔니?

_____

 Note 갔다 오다, (계속) …하였다; have been. 가고 없다; be gone,
have gone

e.g. ● 내가 도착하기 전에 그는 가버렸다.
He was gone before I arrived.

● 주일 내내 서울에 있었다.
I've been in Seoul all week.
● 지난 2주간 방학이었어.
I've been on vacation for the last two weeks.

Ans Where have you been for the last two weeks?

---

11. 그 마을에 도착하기 전에 해가 졌다.

Night had fallen before I reached the village.

The day had come to an end before I reached the village.

Q: 내가 그 책을 다 읽기도 전에 도서관이 닫혔다.

_____

Note 끝까지 읽다; read through

접속사 'before'는 문장에서 '과거(완료)+before+과거'의 형태를 가진다.

e.g. ● 그가 떠나기 전에 쪽지를 남겼느냐?
Did he leave [Had he left] a message before he went [left]?

Ans I had not read the book through before the library was

closed.

I didn't read through the book before the library closed.

12. 내가 여기로 이사 온 지 3년이 되었다.

It is three years since I moved here.

Three years have passed [have gone by] since I moved here.

Q: 내가 그녀와 헤어진 지 3년이 되었다.

_____

Note 헤어지다; break up with, part from [with]
접속사 'since'는 문장에서 'it+현재' 또는 '기간+현재완료'
형태를 가진다.

e.g. ● 그녀는 (치열)교정을 한 뒤에 거의 웃지 않았다.
She has scarcely smiled since she got braces.

Ans **It is** three years since I parted from [broke up with] her.

Three years have passed since I parted from [broke up with] her.

13. 오늘은 영업하지 않습니까?

Is it (already) closed today?

Did it close today?

Q: 영업시간은 언제입니까? (몇 시입니까?)

_____

Note 영업시간; business hours(상점, 가게에서 주로 사용), 하는 시간;

working hours(일반적). 근무시간; office hours(사무직에 주로 사용). 문을 닫다; be closed, (자동사) close

e.g. ● 언제 영업 시작하지요?
When do you open?
● 도서관은 언제 문을 닫나요?
When does the library close?
● 도서관이 월요일에는 문을 안 연다.
The library is closed on Mondays.
● 이 도로는 차량 통행이 안 된다.
This road is closed to traffic.
● 이 도서관은 연중 열려 있다.
This library is (kept) open throughout the year [all the year round].

Ans What are your (working) hours?

(일상영어에서 'working'을 종종 생략한다.)

What are the business [working, office] hours?

*When are the business hours?

('When'은 부사로서 주어가 될 수 없다.)

* 다음 문장을 영어로 쓰세요.

1. 얼마나 빨리 고치겠습니까?

_____

Note 고치다; fix (up), repair, mend

Ans How soon can you fix it?

2. 나는 매일 아침 비가 오나 맑으나 조깅을 합니다.

_____

Note 비가 오나 맑으나; rain or shine, (in) rain or fine

Ans I go jogging every morning, rain or shine.

3. 배는 하루 걸러 이곳에 온다.

_____

Note 이틀에 한 번씩; every other [second] day, every two days. 서수 다음에는 단수, 기수 다음에는 복수를 쓴다.

Ans The ship comes here every other [second] day [every two days].

4. 우리는 내년 이맘때쯤이면 태평양을 건널 것이다.

_____

 Note 이때쯤; by this time

Ans We will cross the Pacific Ocean by this time next year.

5. 그는 나를 보자마자 방을 나갔다.

_____

 Note 나가다; go out [leave], go out of

Ans He left the room as soon as he saw me.

He went out (of) the room as soon as he saw me.

He went out (of) the room when he saw me. (informal)

('of'는 생략가능)

6. 오늘 일과 후 들러라.

_____

 Note 방과후 ; after school

Ans Please drop in after work today.

1. 다음 우리말을 영어로 쓰세요.

빗속의 등교 (Walking to Class in the Rain)

수미는 오늘 아침 일찍 일어났다. 그녀는 샤워를 하고 아침을 먹었다.

그녀는 한 시간 동안 수학시험 공부를 했다. 9시에 창밖을 보았다.

매우 흐렸다. 몇 분 후에 비가 내리기 시작했다.

그녀는 9시 30분에 집을 나서야 했다. 시험은 10시였다.

그녀는 비에 젖고 싶지 않았다. 그녀는 우비와 신발을 신었다.

그녀는 우산을 가지고 학교로 걸어갔다. 9시 50분에 학교에 도착했다.

그녀는 교실에 가서 우비를 벗었다. 옷은 젖지 않았다.

아무 이상이 없었다.

key words wet, dry, raincoat, put on, take off, all right

2. 다음 우리말을 영어로 쓰세요.

지각 (Late To Class)

수미는 평일 아침에는 5시 30분에 일어난다.

그러나 오늘 아침 늦게 일어났다.

그녀는 목욕탕에 가서, 양치질을 하고, 샤워를 했다.

샤워를 마친 다음, 옷을 입고, 7시 30분에 집을 나섰다. 지각했다.

점심식사를 하기 위해 간이식당에 갔다.

돈가스를 주문해 먹고, 교실로 돌아왔다.

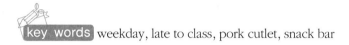

key words weekday, late to class, pork cutlet, snack bar

---

memo

● 위 주제에 대해 키워드를 활용하며 직접 써봅시다.

02 날짜와 날씨 (Date and Weather)

A. 모델 문장 연습 (Model Sentence Practice)

* 주어진 예문을 참고하여, 우리말을 영어로 옮기세요.

---

1. A: 오늘은 며칠입니까? What's the date today?

   B: 오늘은 16일입니다. (It's the) 16th (today).

   Q: 오늘은 3월 18일, 금요일이다.

   _____

 영어는 반드시 요일 다음에 날짜를 쓴다. 날짜는 기수나 서수
둘 다 쓸 수 있지만 반드시 '서수'로만 읽는다.

e.g. ● 내일은 3월 19일, 토요일입니다.
   Tomorrow is Saturday, March 19(th) [the 19th of March].

Ans It is Friday, March 18, today.

   Today is Friday, the 18th of March.

   Today is Friday, March 18(th).

---

2. 저는 1998년 10월 26일에 태어났습니다.

   I was born on October 26, 1998.

   Q: 그녀는 1990년 1월 1일 오후 7시에 태어났습니다.

   _____

Note 시간은 적은 단위에서 큰 단위 순서－시간, 날짜, 연도－로 나열한다.

Ans She was born at 7 p.m. on January 1, 1990.

She was born at 7 p.m. on the 1st of January in 1990.

---

3. 내일 날씨가 어때요?

What's tomorrow's weather forecast?

How is the weather tomorrow?

Q: 거의 하루 종일 흐리고, 비도 가끔 올 것이다.

 Note 때때로 ; occasionally, now and then

e.g. ● 화요일의 일기예보는?
  What is the weather forecast for Tuesday?
● 날씨가 개면 좋겠어요.
  I hope it will clear up.
● 햇볕이 나고 따뜻할 것이다.
  It will be sunny and warm.

Ans It will be cloudy almost all day and it will rain [we will have rain] now and then.

Cloudy weather will prevail in the daytime and we will have occasional rain.

Cloudy weather will prevail in the daytime with occasional rain.

4. 오후에는 날씨가 갰다.

The sun came out in the afternoon.

The sky was clear in the afternoon.

It cleared up in the afternoon.

Q: 라디오의 일기예보는 곧 갠다고 한다.

_____

(날씨가) 개다; fine, clear (up)

e.g. ● 밤이 되자 하늘이 맑게 갰다.
   When night came, it (the sky) cleared up.
   When it got dark, it became clear.

Ans The radio weather forecast predicts that it will soon be fine

[clear up].

The radio forecasts [predicts] that it will soon clear up.

The radio forecasts [predicts] a fine day.

5. 어제는 아침에 구름이 끼고 추웠다.

Yesterday it was cloudy and cold in the morning.

Q: 어제는 오후에 바람이 많이 불고 비가 내렸다.

_____

바람 많은; windy. 햇볕이 나는; sunny

e.g. ● 그저께는 날씨가 매우 좋았다.
It was sunny and clear the day before yesterday.
We had very nice weather the day before yesterday.
● 2주 전에는 폭풍이 왔다.
We had a storm two weeks ago.

Ans Yesterday it was windy and rainy in the afternoon.

---

6. 정오에는 비가 그칠 것이다.

It will stop raining by noon.

Q: 8월 말까지는 비가 그치지 않을 것이다.

_____

Note 'stop+ing(동명사)'에 유의할 것.

Ans It will not stop raining until the end of August.

---

7. 추워 죽겠다.

I'm very cold. / I'm freezing to death.

Q: 더워 죽겠다.

_____

Note 몹시 …하다, 몹시 …하여 죽겠다; to death. 죽을 때까지, 끝까지; to the death

e.g. ● 배고파 죽겠다.
I'm starving to death.

- 지루해 죽겠다.
  I'm bored to death.
- 공격을 받으면 우리는 죽을 때까지 싸울 것이다.
  If attacked we would fight to the death.

Ans I'm very hot. / I'm boiling to death. / I'm burning up. / I'm hot as hell.

---

8. 몇 시간 만에 날씨가 변했다.

There was a change in the weather **after** a few hours.

Q: 몇 시간 만에 맑은 날씨가 비오는 날로 변했다.

_____

 Note A에서 B로 (바뀌다, 변하다); from—to. 미국 영어에서 단순 과거 사실은 'in'보다 'after'를 사용하는 경향이 있다.

e.g. ● 상황이 악화되었다.
  Things have gone from bad to worse.

Ans The weather changed from sunny to rainy after a few hours.

---

9. 어제 아침 6시간 동안 10cm의 눈이 내렸다.

It snowed 10cm (during) 6 hours yesterday morning.

*It snowed 10cm **high** (during) 6 hours yesterday morning.

Q: 그 폭풍우로 어제 오전 6시간 동안 10cm의 눈이 내렸다.

_____

Note 위의 예문에서 '10cm'를 '10cm high'로 쓰지 않는다.

Ans The storm dropped <u>10cms of snow</u> (during) 6 hours before noon.

The storm dropped <u>a 10cm snowfall</u> (during) 6 hours before noon.

('10cms snow', 'snow of 10cms'로 쓰지 않는다.)

---

10. 산의 기상은 매우 변덕스럽다.

The weather on a mountain is quite very changeable.

Q: 요즈음 바다의 기상은 매우 변덕스럽다.

_____

Note 변하기 쉬운; changeable, variable, fickle, unsettled. 'Unsettled'는 주로 감정적으로 불안한(nervous, anxious)의 의미로 사용됨. 또한 'fickle'(변덕스러운)과 'pickle'(소금에 절이다) 은 구별해야 한다.

e.g. ● 청어는 소금을 치거나, 훈제하거나, 절일 수 있다.
Herrings can be salted, smoked, or pickled.

Ans These days the weather at sea is quite unsettled [very change-able].

We have had [have been having] fickle weather at sea lately.

11. 눈이 녹기 시작했다.

The snow is starting to melt [thaw].

Q: 눈이 쌓이기 시작했다.

 Note (눈, 먼지가) 쌓이다, 덮다; pile up, lie thick, lie deep, mantle

e.g. ● 아침에 일어나 보니 지상에 온통 눈이 덮여 있었다.
When I woke up in the morning, the snow (was) piled up [lay thick] all over the ground.
I awoke this morning to find the whole ground mantled in a thick sheet of white snow.

Ans Snow began to pile up on the ground.

---

12. 이번 겨울은 수년래에 없던 따뜻한[추운] 겨울이었다.

It has been the mildest [coldest] winter we have had for some years.

This winter was unusually mild [cold].

This winter has been warmer [colder] than usual [any other year].

We've been having the warmest [coldest] winter **in** the past few years.

(이 경우 'for'를 사용하면 몇 년간 계속되는 의미가 되므로 유의할 것.)

Q: 이번 겨울은 20년래 가장 추운 겨울이었다.

'가장, 매우' 등은 원급, 비교급 또는 최상급으로 다양하게 표현될 수 있다.

e.g. ● 금년은 작년보다 훨씬 추운 것 같다.
This year it seems to be much colder than (it was) last year.

Ans It has been the coldest winter we have had in [for] twenty years.

---

13. 너의 엄마의 생일을 모르다니 놀랍다.

I am astonished [surprised] that you should not remember your mother's birthday.

Q: 자네가 윤년을 모르다니 놀랍군 [뜻밖이군]!

 Note 감정의 형용사 또는 동사에 수반되는 'that' 절에는 'should' 가 수반된다.
윤년; a leap year. 평년; a common [civil] year

Ans I am surprised to see that you should not know a leap year.

* 다음 문장을 영어로 쓰세요.

1. 하늘에는 별이 아름답게 반짝이고 있다.

_____

Note 반짝이다; shine, twinkle

Ans The stars are twinkling beautifully (up) in the sky.

The stars are shining brightly in the cloudless sky.

2. 비가 온 뒤에는 맑은 날씨가 온다.

_____

Note 시간의 접속사(after, before 등) 다음에는 미래형 조동사(will, shall)를 사용하지 않는다. 도치문에서 단일동사는 조동사를 사용하지 않고 직접 주어 앞으로 이동할 수 있다.

Ans It's usually sunny after it rains.

After rain comes fine weather.

After a rainfall comes a fine day.

3. 어젯밤 눈이 소리도 없이 계속 내렸다.

_____

Note 계속하다; (부사) incessantly, (형용사) constant, (동사) continue

Ans It snowed incessantly and quietly last night.

Last night it continued to snow quietly.

Last night's snowfall was constant yet quiet.

4. 이번 여름은 큰 비가 많고, 햇볕을 보기가 힘들었다.

 Note 접속사 앞뒤는 같은 품사를 쓴다; 형용사+형용사, 명사+명사.
많은 비; a lot of rain, heavy rainfall

Ans This summer was **extremely rainy** and **partly sunny**.

This summer we had a lot of **heavy rain** and (a) **little sunshine**.

This summer we had **heavy rainfall** with **occasional sunshine**.

5. 바람 부는 날에는 눈을 뜨고 다니기 어렵다.

 Note 수반되는 행위를 나타낼 때에는 'with+명사+형용사 [또는 분사]'의 형태로 나타낸다.

Ans On a windy day, we find it difficult **to walk with our eyes open** [to open our eyes when we walk].

When it is blowing, we find it hard to walk with our eyes open.

6. 홍수와 태풍의 피해가 심각했다.

 Note 심각한; serious, severe

Ans Serious damage was caused by floods and typhoons.

We suffered severe damage from floods and typhoons.

C. 장문 연습 (Paragraph Practice)

1. 다음 우리말을 영어로 쓰세요.

김양의 스케줄 (Miss Kim's Schedule)

매일 아침 김 양의 스케줄이 다르다.

월요일에는 아침식사 전에 신문을 읽는다.

화요일에는 아침식사 전에 조깅을 한다.

수요일에는 세탁을 하면서 아침을 먹는다.

목요일에는 아침식사를 하지 않는다.

도서관에서 공부하다 친구와 함께 점심식사를 하러 간다.

금요일에는 일어나 시내에 가서, 카페에서 아침을 먹는다.

2. 다음 우리말을 영어로 쓰세요.

한국의 날씨 (Weather in Korea)

한국에서 1월 달은 연중 가장 추운 달이다.

1월 달에는 실내에 많이 머물게 된다.

산에는 항상 눈과 얼음이 있다.

3월이면 나무가 녹색으로 변하기 시작한다.

몇 주 전에는 나무에 잎이 없었다.

곧 벚나무에는 좋은 버찌가 달릴 것이다.

약 세 달이 지나면 다른 나무에도 많은 열매가 달릴 것이다.

그렇지만 7월은 대개 매우 덥고 습하다.

사람들은 바다에서 수영을 할 수 있고, 실외에서 활동을 많이 한다.

한국에서는 휴가를 즐기기 좋은 때이다.

9월에도 종종 덥지만, 대체로 9월 15일 이후 서늘해진다.

key words inside, outside, hot, humid, cool, cherry

memo

● 위 주제에 대해 키워드를 활용하며 직접 써봅시다.

03 장소와 상황 (Place and Situation)

* 주어진 예문을 참고하여, 우리말을 영어로 옮기세요.

---

1. 그의 집은 시내 쪽 [남쪽]을 보고 있다.

His house faces downtown [south].

Q: 그의 집은 번화가를 바라보고 있다.

_____

Note 바라보다; face, front on, look on to, look out on. 번화가;
busy [bustling] street, (상점가) shopping [business] quarters

e.g. ● 번화가에는 고층 건물들이 쭉 들어섰다.
Many high [tall] buildings stood in a row on the busy street.

Ans His house faces a busy [bustling] street.

---

2. 신촌은 서울의 서북부에 있다.

Shinchon lies in the north-west of Seoul.

Q: 제주도는 전라남도의 남쪽에 있다.

_____

Note —에 있다; (포함될 경우) 'lie in', (포함되지 않을 경우) 'lie to'를 쓴다.

'South'가 막연한 방향을 나타낼 때에는 부사로 사용된다.

e.g. ● 읍의 동쪽에 호수가 있다.
There is a lake on the east (side) of the town.
● 우리 집은 공원의 남쪽 방향이다.
My house is (just) south of the park.
*My house is to the south of the park.

Ans Cheju Island lies to the south of Chollanamdo.

---

3. 그는 시내 [교외, 시골]에 산다.

He lives downtown [in the suburbs, in the country].

Q: 그들은 주간에는 도시에 살고, 주말에는 시골에 삽니다.

_____

Note 도심지에, 도심지의; downtown, in town. 교외에; in the suburbs

e.g. ● 도시에 사는 것보다 시골에서 사는 것이 건강에 좋다.
It is better for our health to live in the country than in town.

Ans They live in town during the week and in the country for the weekend.

---

4. 나는 멀리 떨어져 있는 소나무를 보았다.

I saw a pine tree in the distance.

Q: 멀리 (떨어져) 있는 수목 사이로 아름다운 호수가 보였다.

_____

Note 멀리 떨어져 있는; in the distance. 멀리 떨어져서; at/from a distance

e.g. ● 좀 멀리서 [떨어져서] 그림을 보아라.
Look at the picture at/from a distance.
● 나는 단지 멀리서 그 건물을 본 적이 있다.
I have only seen the building at/from a distance.

Ans I saw a beautiful lake between trees in the distance.

I saw a beautiful lake among distant trees.

---

5. 기온이 갑자기 떨어졌다.

The temperature (has) dropped (down) suddenly.

Q: 그 섬에 수백 발의 폭탄이 비같이 떨어졌다.

_____

Note 떨어지다; drop (down), be dropped down (인위적), rain down

e.g. ● 그들은 입대할 나이를 20살로 낮출 것이다.
They will drop down the age to enlist to 20.

Ans Hundreds of bombs rained down [were dropped down] on the island.

They fired hundreds of bombs on [over] the island.

6. 어떤 사람이 나를 향해 오는 것이 보였다.

I saw a man making his way towards me.

Q: 무언가를 짊어진 사람이 비탈길을 올라오는 것이 보였다.

Note 비탈길; slope, narrow path

Ans I saw a man climbing up [coming up] the slope with something on his back.

I saw a man carry something on his back and come up the narrow path.

7. 그녀는 의자의 가장자리에 앉아 있다. [그녀는 매우 흥분해 있다.]

She is sitting on the edge of the chair.

[She is very excited.]

Q: 그 야구경기는 관중들을 열광시켰다.

Note 가장자리 [모서리]에, 열광하는(very excited); on the edge of

e.g. ● 그 커플은 분수가에 앉아 있다.
The couple are sitting on the edge of the fountain.

Ans The baseball game had the crowd on the edge of their seats.

8. 손님(Guest): 이 호텔 안에 약국이 있습니까?

Is there a drugstore in this hotel?

안내원(Receptionist): 복도를 곧장 가면, 왼쪽에 있습니다.

Go straight along the hallway and you'll find it on your left.

Q: 곧장 가다가, 두 번째 모퉁이에서 오른쪽으로 도세요.

_____

 Note 좌/우측에; on your (the) left/right

e.g. ● 남성 화장실은 왼쪽에 있고, 여성 화장실은 오른쪽에 있다.
The men's bathroom [restroom] was on the left and the ladies' bathroom was on the right.

Ans Go straight and turn right at the second corner.

9. 차를 여기에 세워둘까요, 아니면 문 앞에 주차해 둘까요?

Do you want me to leave the car here or should I park it out front?

Q: 수리한 다음에는 문 앞에 주차해 두세요.

_____

 Note 놓다, 두다; put, leave. (현관)문 앞에; out front

e.g. ● A: 언제 어디서 그 가방을 잃어버렸습니까?
When and where did you lose the suitcase?

● B: 택시 안에 가방을 두고 내렸습니다.
  I left my bag in a taxi.

Ans Please park it out front when you fix it.

---

10. 산 정상의 휴게소에서 잠시 쉬었다.

I took [had] a rest at a rest house [place] at the summit.

I got some rest in a tea-house at the top of the mountain.

Q: 우리는 어제 창원에 있는 반도호텔에서 숙박했습니다.

_____

Note 휴게소; rest house [place](쉬는 곳), tea-house(찻집), lounge(호텔). 숙박하다; stay [put up, stop] at, check in at (호텔, 여관)

e.g. ● 그만하고 좀 쉬어라.
  Stop working and take some rest.

Ans Yesterday we put ourselves up [stayed, stopped, checked in] at the Bando hotel in Changwon.

---

11. 이 강에는 다리가 세 개 놓여 있다.

Three bridges span [cross] this river.

This river has three bridges.

There are three bridges on this river.

*Three bridges **are laid down** over this river. (사용하지 않음)

Q: 그들은 그 강에 놓여 있는 다리를 건넜다.

_____

Note 걸치다, 뻗어 있다; span, extend, stretch over [across]

e.g. ● 우리의 상상력은 신·구세대를 연결할 수 있다.
Our imagination can span the old generation and the new one.
● 우리 앞에는 수많은 난관이 놓여 있다.
Many difficulties lie before us.
Many difficulties lie in our path.

Ans They crossed [went over] a bridge that spans the river.

---

12. 그는 아픈 다리를 끌면서 느릿느릿 걸었다.

He dragged **his** sore feet slowly along.

He walked slowly, dragging **his** sore feet.

Q: 나는 아픈 다리를 끌면서 시골길을 걸어갔다.

_____

 Note 위의 예문에서 'his'를 생략하지 말 것.
질질 끌다, (관심이나 시간을) 끌다; drag (out)

e.g. ● 그는 회의를 오랫동안 끌었다.
He dragged the conference out for hours.
● 회원들은 회비에 대한 논의를 질질 끌었다.
The members dragged out the argument about dues.

Ans Dragging my sore feet, I walked along a country road [lane].

13. 공이 테이블 아래로 떨어졌다.

The ball rolled down from the table.

The ball rolled off of the table.

The ball rolled off the table.

Q: 엘리베이터는 건물의 위 아래로 움직인다.

 Note 떨어지다, 하락하다; drop, fall, plummet, come down

불경기 때문에 컴퓨터 가격이 하락했다.

Computer prices dropped [fell, plummeted, came down] because of recession.

〈주의〉 '하락하다'로 'be fetched down'은 거의 사용하지 않음.

e.g. ● 그 함대 [전대]는 김 제독의 지휘하에 있다.
The fleet [squadron] is under the command [the control] of Admiral Kim. ('the'가 반드시 필요함)

Ans The elevator moves [goes] up and down the building.

---

14. 기차를 타는 사람도 있고, 내리는 사람도 있어서 승강장은 매우 붐빈다.

Some are getting into [on] and others are getting off the train, so the platform is very crowded.

Q: 친척이나 친구를 마중 나오거나 전송하는 사람으로 인해, 공항은 늘 붐빈다.

Note 붐비다; be very crowded, be jammed with. 정해져 있지 않은 집단은 'others', 정해진 집단에 대해서는 'the others [the rest]'를 사용한다.

e.g. ● 겨울이 되면 그곳은 스키어들로 붐빈다.
In the winter the place is crowded with skiers.
● 급우들 중 몇몇은 집에 일찍 가고, 나머지는 그러지 않았다.
Some of our classmates went home early, but the others [the rest] didn't.

Ans Some come to meet their relatives or friends, and others to see them off, so the airport is always crowded.

* 다음 문장을 영어로 쓰세요.

1. 정복 [제복]에 이름표를 붙여라.

___

Note '붙이다[달다]'는 의미로 'stick, place, fix' 등도 사용할 수 있음.

Ans Put the name tag on your uniform.

2. 제복의 줄무늬는 그의 계급을 나타낸다.

___

Note 나타내다; indicate, show
제복; uniform. 일상복; informal dress, (군복에 대하여)civilian clothes

Ans The stripes on his uniform are for **showing** [indicating] his rank.

3. 그녀는 고개를 숙인 채 걷고 있었다.

___

Note 고개를 숙이다; keep one's head down

Ans She was walking on with downcast eyes.

She was walking on keeping her head down.

4. 기차는 단양터널을 빠져나와 지금 호숫가를 따라 달리고 있다.

 Note 따라 달리다; run along [alongside]

Ans Our train came out of a tunnel and is now running next to [along, alongside] a lake.

5. 집이 가까워짐에 따라 그의 발걸음은 점점 빨라졌다.

 Note 가까워지다; come near, get close

Ans As he came near the house, he walked faster and faster.

As he got closer to the house, he walked faster and faster.

1. 다음 우리말을 영어로 쓰세요.

김씨 부부의 방학 (Mr. and Mrs. Kim's Vacation)

김씨 부부는 이틀 전에 휴가를 마치고 돌아왔다.

그들은 소양호에 갔다.

그들은 호수의 나무와 물을 좋아했다.

그들은 보트를 타고 그 위에서 쉬었다.

때때로 김씨가 호수에서 고기를 잡아왔다.

그때는 저녁에 고기를 먹었다.

때로는 통조림의 콩과 수프를 먹었다.

그들은 거기에서 5일간 머물렀다.

그 다음 그들은 속리산에 가서 속리산 호텔에서 1박했다.

다음 날 아침 그들은 호텔에서 나와 관광을 갔다.

그들은 멋진 휴식을 취했다.

key words ride in [on], relax, overnight, check out, go sightseeing, have [take] a rest

2. 다음 지도를 보고 질문에 영어로 답하세요.

key words go, turn, it's

[약어] Dr.; Drive, ST; a street, Blvd; Boulevard, a wide street

[문장구조] go/turn+방향+(on 거리명)+(to 지점)+(거리량)

e.g. ● 충무로에서 북쪽으로 중앙동 쪽으로 2블록 가세요.
　　　Go north on Chungmuro to Junaangdong for two blocks.

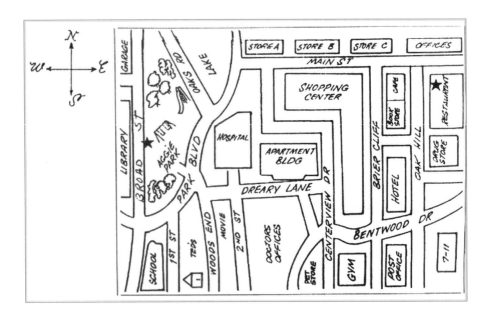

2.1. 나는 식당에 있습니다. 아파트까지 어떻게 갑니까?

(I'm at the restaurant. How can I get [go] to the apartment building?)

2.2. 나는 애기공원에 있습니다. 어떻게 쇼핑센터에 갑니까?

(I'm at Aggie Park. How can I go to the shopping center?)

04 일상적 행위 (Routine)

A. 모델 문장 연습 (Model Sentence Practice)

* 주어진 예문을 참고하여, 우리말을 영어로 옮기세요.

---

1. 나는 아침에 늦게 일어난다.

I get up late in the morning. / I am a late riser.

I am late getting up in the morning. /

I stay in bed [till] late in the morning.

I am a night owl.

Q: 나는 아침 일찍 일어난다.

Note 늦게 자는 [일어나는] 사람; night owl, late riser. 일찍 일어나
는 사람; early riser, early bird. 부지런한 사람; busy bee

e.g. ● 나는 올빼미 체질이다.
  I'm more of a night owl.
  I'm a night person.
  ● 나는 아침형 인간이고, 내 아내는 야행성이다.
  I am an early riser, but my wife is a night owl.
  ● 바쁜 벌은 슬퍼할 시간이 없다.
  The busy bee has no time for sorrow. (William Blake)

Ans I get up early in the morning.

  I am an early riser [an early bird].

2. 그는 월요일 날 일찍 일어난다.

He gets up early on Mondays.

Q: 그는 토요일 날 늦게 잔다.

___

 늦잠 자다: sleep in, oversleep

e.g. ● 다시 한 번 늦잠 자면, 너는 해고될 것이다.
If you sleep in again, you'll lose your job [you'll be laid off].

Ans He goes to bed late on Saturdays.

___

3. 나는 토요일에는 8시에 일어난다.

I get up at 8:00 a.m. on Saturdays.

Q: 나는 주중에는 대개 5시 30분에 일어난다.

___

 토요일에; on Saturdays, on Saturday (단수는 강조적 의미를 가진다.)

e.g. ● 주말에는 사무실이 아침 9시에 문을 열고, 저녁 7시에 닫는다.
On weekends, the office opens at 9 a.m. and closes at 7 p.m.

Ans I usually get up at 5:30 on weekdays [on weekday mornings].

4. 그들은 오후 일찍 막사로 갑니다.

They go to the barracks early in the afternoon.

Q: 그녀는 오늘 저녁 일찍 집에 올 [갈] 것이다.

_____

Note 귀가하다; get home, come home, return home

(군대의) 막사, 병영; barrack(s)

e.g. ● 집에 들어오면 반드시 세수를 해라.

Always wash your face and hands when you return home.
Never fail to wash your face and hands after returning from out-doors.

Ans She will get home early this evening.

5. 그는 약속시간에 꼭 맞게 왔다.

He came [showed up, turned up] in time for the appointment [engagement].

Q: 10분도 안 기다려서 그녀가 나타났다.

_____

Note 나타나다, 오다; come, show up, turn up, arrive, make an appearance

시간에 맞춰, 늦지 않게; in time, early [soon] enough

시간을 어기지 않고, 정각에; on time, on schedule

e.g. ● 우리가 6시 기차에 맞춰 갈 수 있을까?
　　　Will we be in time for the six o'clock train?
　　● 기차가 정각에 도착했다.
　　　The train arrived on time [on schedule].
　　● 그는 약속시간보다 10분 늦었다.
　　　He was [came] 10 minutes late for the appointment [engagement].

Ans I had not been waiting ten minutes before she made her appearance [showed up, turned up].

---

6. 그는 막 아침식사를 하려 할 때 전화를 받았다.

He was given a call [got a (phone) call] when he was just going to [about to] have breakfast.

Q: 그가 막 잠자리에 들려고 할 때, 전화 [호출]을 받았다.

_____

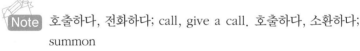 **Note** 호출하다, 전화하다; call, give a call. 호출하다, 소환하다; summon

　　　—할 예정이다, —하려고 하다; be going to, be about to

e.g. ● 그는 함장에게 사무실로 호출받았다.
　　　He was called [summoned] by the captain to his office.
　　● 내 아내는 2주마다 외국에 있는 딸한테 전화한다.
　　　My wife makes a call to [calls] my daughter overseas every two weeks.

Ans He was called [was summoned] when he was about to go to bed.

7. 자네는 전에 만났을 때와 별로 달라지지 않았네.

You haven't changed much since I saw you last.

Q: 나는 그가 학생시절 이후 조금도 변하지 않은 것을 보고 놀랐다.

_____

 접속사 'since'의 용법; (현재)완료+since+과거. 'Since' 앞에
는 완료시제를 쓴다.

e.g. ● 나는 27살 이후 내 생계비를 내가 벌었다.
I've earned my own living since I was 27.

Ans I was surprised to see [find] that he had not changed (at all)
since his school days.

8. 그는 넥타이와 셔츠를 입고 있다.

He's wearing a tie and a shirt.

Q: 요즈음은 작은 시계를 차는 것이 유행이다.

_____

 입다, 신다, 착용하다; wear, have on, put on. 벗다; take
off. 큰 시계; big [large, oversized] watch. 고급 시계; great
[high-quality] watch

e.g. ● 모든 건축 노동자는 안전을 위해 벨트와 멜빵을 착용해야 한다.
Every constructor should wear a belt and braces for safety.
● 그녀는 새 드레스를 입고 있다.
She has a new dress on.

Ans It is fashionable [popular] to wear small watches now.

---

9. 그가 세탁소에서 옷을 찾아오라고 시켰다.

He asked me to pick up his clothes at the laundry.

Q: 퇴근하고 집으로 오는 도중에 세탁물을 찾아주세요.

_____

Note 찾아오다, 수거하다, 줍다, 사다; pick up

e.g. ● 집에 오는 길에 오렌지 좀 사오세요.
　　　Please pick up some orange on your way home.
　　● 그는 공항에서 표를 찾게 되어 있다.
　　　He is supposed to pick up his tickets at the airport.
　　● 훈련병들은 건물 주위의 쓰레기를 모두 주워야 한다.
　　　The trainees have to pick up all the paper around the building.

Ans Please pick up the laundry on your way home from work.

---

10. 머리를 깎을 이발소가 어디에 있습니까?

Is there a barber shop where I can get a haircut?

Q: 나는 미용실에서 머리를 깎았다.

_____

Note 머리를 깎다; get one's hair cut, get a haircut

e.g. ● 왜 그는 머리를 그렇게 짧게 깎았니?

Why did he get that short haircut?
● 그녀는 새 드레스를 입고 있다.
She has a new dress on.

Ans I get my hair cut at a beauty salon.

I get a haircut at a beauty salon.

---

11. 머리를 다듬고 싶습니다.

I'd like to get [have] my hair trimmed.

I'd like a trim, please.

Just a trim, please.

Q: 머리끝을 약간 손질하고 싶습니다. 단정하지 않습니다.

 Note 손질하다; trim

e.g. ● 조금만 깎아 주세요. 너무 짧게 깎지 마세요.
Just a trim, please. Don't cut it too short, please.
● 뒤는 짧게, 앞은 길게 해 주세요.
Short in back, long in front.
● 뒤는 [앞은, 위는, 옆은] 조금만 깎아 주세요.
You can cut a little in back [in front, on the top, on the sides].
● 조심해서 면도해 주세요. 제 피부가 아주 약해요.
Please shave me lightly. My skin is sensitive.

Ans I'd like to trim the ends. They look a little uneven.

12. 파마하고 싶다. [머리를 말고 싶다.]

I'd like to get a perm.

I'd like to put curls in the hair.

Q: 파마를 풀고 싶다.

_____

 Note 파마를 풀다, 데리고 나가다, (보험에) 가입하다; take out

e.g. ● 그는 나를 저녁식사에 데리고 갔다.
　　　He took me out to dinner.
　　● 새로 나온 보험을 들려고 하는데요.
　　　I want to take out a new policy.
　　● 머리를 갈색으로 염색하고 싶습니다.
　　　I'd like to get [have] my hair dyed blond.
　　　I'd like to go blond.

Ans I'd like to take the curls out.

I'd like to straighten my hair.

I'd like to even out the ends.

---

13. 옷을 세탁하고 싶습니다.

I want to have my clothes washed.

I want to do the laundry.

Q: 그녀는 입을 깨끗한 옷이 없다. 그녀는 세탁을 할 필요가 있다.

_____

Note 세탁하다; do (the) laundry

e.g. ● 난 세탁할 때 세제를 조금만 사용한다.
When I do (the) laundry, I only put in a little detergent.

● 너는 셔츠를 입고 잔 것 같으므로, 다림질할 필요가 있다.
Your shirt looks like you slept in it, so you need to iron it.

Ans She doesn't have anything clean to wear. She needs to do
the laundry.

---

14. 이것을 드라이클리닝해 주세요.

I want this dry cleaned.

Q: 이것을 다림질해 주세요.

_____

 Note 다림질하다; iron, press

e.g. ● 이 구두를 수선해 주세요.
I want these shoes repaired.

● 훈련병은 자신의 제복을 다려야 한다.
The trainees should iron [press] their uniforms.

Ans I want this ironed [pressed].

---

15. 노트북을 연결할 수 있는 곳이 있나요?

Is there a place where I can plug in my laptop?

Q: 뇌우가 심할 때는 텔레비전 플러그를 뽑아 놓으십시오.

_____

Note 전원을 연결하다; plug in

e.g. ● 전기 면도기 [헤어 드라이기]는 어디에 연결해요?
Where can I plug in my electric razor [hair dryer]?

Ans Unplug your television during severe thunderstorms.

('Unplug' 대신 'Plug out'는 잘 사용하지 않음.)

---

16. 그는 바닥을 물걸레질하였다.

He mopped the floor with water.

Q: 그는 바닥을 물걸레 [대걸레]로 닦아냈다.

_____

 Note 자루걸레(로 닦다); mop

e.g. ● 그 훈련병은 바닥 전체를 물걸레로 닦았다.
The trainees pushed the mop all around the floor.
● 훈련병들은 솔과 비누와 물로 바닥을 문지르고 있습니다.
The trainees are scrubbing the floor with a brush and soap and water.

Ans He mopped the floor dry.

17. 우리는 빗자루로 기숙사 바닥을 청소한다.

We sweep the floor of the dorm with a broom.

We use a broom to get the dirt off the floor of the dorm.

Q: 바닥을 쓸어야 하는데, 빗자루가 없다.

_____

 Note 비(로 쓸다); broom

e.g. ● 그는 비를 들고 청소하고 있다.
He is sweeping with a broom.

Ans I'm supposed to sweep the floor, but I can't find the broom.

18. 그는 동기생과 결혼했다.

He married his classmate.

He got married to a woman from his class.

He married a woman from the same class as him.

He married an alumna (a woman alumnus).

He married his fellow alumna.

*He married with a woman from his class.

('marry'는 타동사이므로 틀림.)

Q: 그는 (1년) 선배와 결혼했다.

_____

Note 여자 동기생; alumna[əlʌmnə]. 남자 동기생; alumnus

e.g. ● 그는 그녀와 약혼했다.
He's engaged to her.

Ans He married a woman (a year) higher [older] than him.

He married a woman from the class before his.

He married a woman senior to him.

B. 단문 연습 (Sentence Practice)

* 다음 문장을 영어로 쓰세요.

1. 전자레인지 사용법을 가르쳐 주시겠어요?

_____

Note 하는 방법: how to

Ans Could you show me how to use the microwave (oven)?

2. 그는 벽장에 옷걸이를 찾았다. 그는 옷을 걸고 싶어한다.

_____

Note 옷걸이; hanger[hǽŋə]

Ans He looked for hangers in the closet. He wants to hang up
his clothes.

3. 모임에 가야 하므로, 저녁식사하러 집에 오지 않을 겁니다.

_____

Note 저녁식사하러; for supper [dinner]

Ans I've got to go to a meeting and I won't be home for supper.

4. 그들은 파티에서 다과 [커피와 케이크]를 제공했습니다.

Note 다과; refreshments

Ans They served refreshments [coffee and cakes] at the party.

5. 그녀가 떠난 뒤에 그는 문을 잠궜다.

Note 잠그다; lock

Ans He locked the door after she left.

6. 야채 서랍이 끼었다. 닫을 수가 없다.

Note 끼다; be stuck

Ans The vegetable drawer is stuck. I can't close it.

C. 장문 연습 (Paragraph Practice)

1. 다음 우리말을 영어로 쓰세요.

수미의 아침 (Sumi's Morning)

수미는 오늘 아침 6시에 일어났다. 목욕탕에 가서 샤워를 했다.

그녀는 샴푸로 머리를 감았다. 그녀는 목욕수건에 비누를 묻혔다.

그녀는 몸과 얼굴을 씻었다. 깨끗한 물로 헹궜다.

그녀는 샤워실에서 나왔다. 수건으로 머리와 몸을 닦았다.

그런 다음, 그녀는 칫솔에 치약을 바르고 양치질을 했다.

그녀는 빗으로 머리를 빗었다. 그녀는 옷을 입고 아침을 먹었다.

그녀는 직장 [부대, 사무실]에서의 첫날을 위한 준비를 하였다.

 wash, rinse, dry, brush, comb, washcloth

2. 다음 밑줄 친 우리말을 영어로 쓰세요.

가정 (Home)

Your home is one of the most dangerous places in the world. Every year hundreds of people have accidents in their homes. (1) 많은 사람들이 계단 아래로 떨어지거나 목욕탕의 젖은 바닥에 미끄러져 넘어진

다. Careless people leave cigarettes that cause fires and burn homes and apartment houses. (2) 부엌 난로의 기름불로 끔찍한 피해가 나기도 한다. Many times parents let children play in the kitchen while the mother is cooking. (3) 때로는 아이에게 뜨거운 음식을 흘릴 수 있고, 아이가 칼로 손을 벨 수도 있다. Accidents like this shouldn't happen. People need to be careful in their homes. (4) 사람들은 항상 안전하게 행동할 필요가 있다.

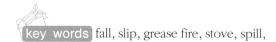 key words fall, slip, grease fire, stove, spill,

3. 다음 우리말을 영어로 쓰세요.

생일선물 (Birthday Present)

김 대위는 오늘 우체국에 갈 일이 있다.

그는 아내에게 편지를 보내고, 아들에게는 소포를 보내고 싶어 한다.

김 대위는 아들의 스웨터를 샀다. 그는 붉은색, 흰색이 있는 스웨터를 골랐다.

그는 아들이 좋아할 것이라 생각한다. 아들의 생일은 3일 후다.

김 대위는 오늘 소포를 보내야 한다.

이틀 후면, 우체부가 소포를 그의 집주소로 배달할 것이다.

우체부는 그 소포를 김 대위 부인에게 줄 것이다.

그러나 그녀는 그것을 생일날까지 아들에게 주지 않을 것이다.

 key words post office, mail, mailman, package, deliver

05 학교와 사회활동
(School and Social Activities)

* 주어진 예문을 참고하여, 우리말을 영어로 옮기세요.

---

1. 나는 버스로 직장에 간다.

I get [go] to work by bus.

Q: 그녀는 매일 학교에 자전거를 타고 간다.

_____

 Note 교통수단을 나타낼 때에는 관사를 사용하지 않는다.

e.g. ● 그녀는 걸어서 학교에 간다.
    She comes [goes] to school on foot.
  ● 그는 버스로 학교에 온다.
    He comes to class [school] by bus.

Ans She rides her bicycle [bike] to school every day.

---

2. 언제 새 부임지에 신고해야 하느냐?

When do you have to report to your new base?

Q: 토요일까지는 신고해야 [거기에 가야] 합니다.

_____

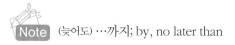

e.g. ● 늦어도 1시 45분까지는 버스로 돌아와 주세요.
Please return to the bus no later than 1:45.

Ans I must report there [be there] no later than Saturday.

I must report there [be there] by Saturday.

---

3. 나는 밤늦게까지 자지 않고 공부를 했다.

I sat up studying till late at night [far into the night].

I worked hard till late at night.

Q: 나는 종종 밤늦게까지 책을 읽는다.

 (늦게까지) 자지 않다; sit up/stay up (late). 똑바로 앉다; sit up.
밤늦게까지; till late at night, far into the night

e.g. ● 그 환자는 침대에 일어나 앉는 것도 힘에 겨웠다.
The patient could barely sit up in bed.
● 그는 아내가 돌아올 때까지 자지 않고 있었다.
He sat up (late) for his wife.

Ans I often sit up reading **till late at night** [far into the night].

I often sit up late over a book.

4. 그는 매일 밤늦게 학과 공부를 합니다.

He studies his lesson late every night,

Q: 그는 종종 오후 늦게 수영장에서 수영을 합니다.

_____

늦게; late. 최근에; lately. 나중에; later (on)

e.g. ● 밤에 너무 늦게 공부하지 않는 게 좋다.
 You'd better not study so late at night.
 ● 나는 나중에 숙제를 할 것이다.
 I will do my homework later (on).
 ● 삼성은 최근 유럽에서 스마트폰 특허전쟁을 강화하였다.
 Samsung has stepped up [intensified] the smart phone patent fight in Europe lately.

Ans He often swims in the swimming pool late in the afternoon.

---

5. 학생들은 매일 학교에 가야 합니다.

Students should attend school everyday.

Q: 학생 [훈련병]들은 일주일에 6일간 수업을 받습니다. 단지 일요일 하루만 수업이 없습니다.

_____

수업을 받다; attend [get] classes [have/take lessons]

e.g. ● 수업을 마치면, 학생들 [훈련병들]은 휴식을 취합니다.
After class, the trainees take [get, have] a break [rest time].

Ans The students [trainees] **attend classes** [have/take lessons] six
days a week. They only **have** [take] one day off on Sunday.

---

6. 여가시간을 이용하여 독서를 해야 한다.

We should make use of spare time to read books.

Q: 나는 어학능력을 향상시키기 위해서 여가시간을 이용한다.

_____

 Note 여가시간; spare time [moment], odd minutes
이용하다; make use of, take advantage of, use

Ans I make use of my spare time to improve my linguistic
knowledge.

---

7. 내가 공부하는 동안 전깃불이 꺼졌다.

While I was studying, the lights went out.

Q: 학생들이 공부하고 있을 때, 선생님이 들어왔다.

_____

Ans While the students were studying, the teacher walked in.

8. 그는 학업을 중단하였다. / 그는 퇴학하였다.

He dropped out (of school [college]).

He quit school [college].

He was not attending school.

He was expelled (from the school).

Q: 그는 1년간 휴학했다.

 Note 'Expel'은 본인의 과실로 퇴출된 경우에만 사용한다.

Ans He dropped out for a year.

He quit school for a year.

---

9. 그는 회사를 그만두었다.

He quit his job.

Q: 그는 학비 때문에 대학 [학업]을 포기했다.

 Note 해고하다; lay off, let go, fire. 해고통지서; pink slip

e.g. ● 그는 해고되었다.
  He was fired. He was laid off (work).
  He was let go. He was kicked out.
  He got the pink slip.

Ans He quit college [school] because he couldn't afford to pay for tuition.

He quit college [school] because he didn't have enough money to pay for tuition.

---

10. 김 선생님은 학생들이 시험을 잘 쳐서 기뻤다.

Mr. Kim was pleased that [because] his students did well on the test.

Q: 그녀는 시험에서 100점을 받아 매우 행복하다.

 Note 감정의 동사 뒤에는 이유로 'that' 또는 'because' 둘 다 사용할 수 있다.

e.g. ● 그가 실패해서 나는 실망했다.

I was disappointed that he should have failed [because he failed].
It was disappointing that he should have failed.

Ans She is so happy that [because] she made a 100 on her test.

---

11. 선생님은 내가 학교에 늦게 왔다고 꾸짖었다.

The teacher scolded [criticized, chewed out, reprimanded, *blamed] me for coming to school late.

Q: 지휘관 [함장]이 보초가 초소를 이탈했다고 심하게 꾸짖었다.

Note 'Blame'은 사건의 책임 소재를 나타낼 때에 사용하며, 행동에 대한 직접적인 비난 또는 추상적인 문제에 대해서는 'blame'이 아닌 'criticize, reprimand, chew out' 등을 사용한다.

e.g. ● 그들은 그 사고의 책임을 나에게 돌렸다.
They blamed me for the accident.
● 그는 우리 정부의 새 정책을 비난했다.
He denounced [criticized, *blamed] our government's new policy.

Ans The captain severely reprimanded the sentry for deserting his post.

---

12. 공부가 지겨워서 나는 산책을 나갔다.

As I got tired of studying, I went out for a walk.

Q: 나는 기차 창문 밖을 보기가 지겨워, 친구에게 이메일을 보냈다.

_____

Note 지루하다, 싫증나다; get [be] tired of, be bored with, be boring. 모든 감정의 동사는 주어가 느끼는 대상(recipient)이면 과거분사[-ed], 주어가 발생시키는 원인(cause)이라면 현재분사[-ing]를 쓴다.

e.g. ● 이 연설은 (매우) 지루하다.
This speech is (so) boring. (주어가 원인)
I am bored with this speech. (주어가 느끼는 대상)
I'm tired of listening to this speech [this speaker]. (주어가 느끼는 대상)

Ans As I got tired of looking out of the train window, I wrote [sent] an email to my friend.

13. 나는 공장에서 근무하기 때문에 낮에는 틈이 없지만, 저녁에는 언제나 틈이 있습니다.

As I work in a factory, I am not free during the day, but I am always free at evening.

Q: 나는 군에 복무하기 때문에 주일에는 틈이 없지만, 주말에는 틈이 있습니다.

 Note 저녁에; at evening, in the evening. 낮에; during the day, in the daytime. 주말; on the weekend. 주일; on weekdays. 한가한, 쉬는; free, off

e.g. ● 훈련병은 일주일에 6일 수업을 듣는다. 그는 하루만 쉰다.
The trainee attends classes six days a week. He only has one day off.
● 김 부사관은 오늘 휴가입니다. 내일 출근할 것입니다.
Sgt. Kim is on leave today. He'll return to work tomorrow.
● 그의 직업은 너무 힘들어서, 주말에는 쉰다.
Because his job is so demanding, on weekends he relaxes.

Ans As I serve in the military, I have no leisure time [have no free time/am not free] on weekdays, but I am free on the weekend.

14. 그녀는 자녀들의 교육비를 충당하기 위해 부업을 한다.

She works (at) a part-time job [works part time] to earn extra
money needed for her children's education.

Q: 그는 부업 [아르바이트] 때문에 수학 수업을 빼먹었다.

_____

Note 부업; a part-time job. (주업 이외의)부가적인 직업; a side job,
a second job. 주업; main job

Ans He dropped a math class because he has [works] a part-time
job.

15. 책을 도서관에 반납했니?

Did you take the books back to the library?

Did you return the book to the library?

Q: (나에게) 내 CD를 돌려주었니?

_____

Note 돌려주다; return, bring back, give back. 돌려받다; get back.
(원래대로) 반환하다, 원상태로 하다; return, take back

e.g. ● 나는 CD를 돌려받았다.
  I got my CD back.
  ● 내일까지 내 노트 돌려줄 수 있어?
  Can you give back [return] my notes by tomorrow?

● 한 번 내뱉은 말은 주워 담을 수 없다.
  You can't take back your words once they have been said.
● 여기서 산 물건은 뭐든 반품 되나요?
  Can I return any goods I bought here?

Ans Did you bring back [give back/return] my CD?

---

16. 김 군은 도서관에 있고, 박 군도 역시 거기에 있다.

Mr. Kim is at the library, and Mr. Park is there, too.

Q: 김 양이 나에게 이메일을 보냈고, 나도 그녀에게 역시 이메일을
보냈다.

 Note 중복되는 내용은 대용어(anaphor)—지시대명사, 지시형용사,
지시부사 등—를 사용한다. 위에서는 'at the library' 대신에
'there'를 썼다. '부정관사(a, an)+명사'는 대용어로 'one'
을 쓴다. 그리고 긍정문에서는 'too'를 쓰지만 부정문에서는
'either'를 쓴다.

e.g. ● 동조하지도 말고 다투지도 마세요.
      Don't agree but don't argue, either.
      Agree to disagree.

Ans Miss Kim sent me an e-mail, and I sent her one, too.

17. 그 책 좀 빌려 주세요.

Can you lend [loan] me the book? / Can you lend your book to me?

Can [May] I borrow your book? / Can I borrow the book (from you)?

Q: 그는 그들에게 아파트를 월세 50만 원에 빌려줬다.

Note 반의어 'lend'(빌려주다) vs 'borrow'(빌리다), 'take'(가져가다) vs 'bring'(가져오다), 'send'(보내다) vs 'receive'(받다). 한편 'rent out(임대하다, 집을 빌려주다)'와 'rent(임차하다, 집을 빌리다)'는 상반된 의미를 지닌다.

e.g. ● 2만 원만 빌려줘.
Can you lend [loan] me 20,000 won?
Can I borrow 20,000 won?

Ans He **rented out** the apartment to them for [at] 500,000 won a month.

They **rented** the apartment from him for [at] 500,000 won a month.

---

18. 책을 제자리에 갖다 놓으세요.

Put the book back (to) (the place) where it was.

Put the book back (when you're done.)

Q: 회의는 다음 주로 연기되었다.

Note 제자리에 놓다, 연기하다(put off); put back

e.g. ● 경기 침체로 그 나라의 발전이 10년간 연기되었다.
Economic depression has put back the development of the country (by) ten years.

Ans The meeting was put back to next week
The meeting was put off until next week.

---

19. 나는 어젯밤 늦게 들어왔다.

I got in late last night.

Q: 신분증 없이는 매점에 들어갈 수 없다.

Note 들어가다(enter), 도착하다(arrive), 타다, 선출되다; get in

e.g. ● 그가 탈 비행기가 도착하지 않았다.
His plane didn't get in.
● 그가 선출되면, 제도를 바꾸려고 시도할 것이다.
If he gets in, he might to try to change the system.

Ans You can't get in the commissary without your I.D. card.

---

20. 선생님 [상관님], 전화 왔습니다.

Sir, you are wanted on the phone.

Q: 존슨 대령으로부터 전화가 왔습니다.

—에게 전화가 걸려오다; be wanted on the phone. 다시 전화하다; call back

e.g. ● 그녀는 통화 중이니 다시 전화해.
     She is on the phone, so call back later.
   ● 한 시간 뒤에 [오늘 오후에] 다시 걸겠습니다.
     I'll call back in an hour [this afternoon].
     I'll return the call in an hour [this afternoon].

Ans Sir, Captain Johnson is on the phone.

Sir, Captain Johnson is holding for you.

---

21. 기술자가 되기 위해서는 기술계 학교에 가야 한다.

To learn to be a mechanic, you can go to a technical school.

Q: 의사가 되기 위해서는 의료계 학교에 가야 한다.

_____

학사학위: bachelor's degree. 석사학위: master's degree. 박사학위; doctoral degree, Ph. D.

e.g. ● 대학은 학사학위를 주며, 마치는 데 대개 4년이 걸린다.
     A college offers a bachelor's degree, which usually takes four
     years to finish.
   ● 나는 공학학사 학위를 가지고 있다.
     I have a bachelor's degree in engineering.

Ans To become a doctor, a student has to go to a medical

school.

* 다음 문장을 영어로 쓰세요.

1. 나는 영어가 전공이다.

Note 이 경우 '전공이다'는 의미로 'be major'는 쓰지 않음.

e.g. ● 원자력에너지는 전력의 주요 공급원이다.
Atomic energy is a major source of electric power.

Ans I major in English.

I am majoring in English.

I am an English major.

My major is English.

*I am major in English.

2. 나는 나의 생각을 잘 표현할 수 없다.

Note 이 경우 생각을 'mind'로 표현하지 않음.

Ans I can't express my thoughts accurately.

I can't describes my ideas very well.

I can't explain my arguments clearly.

I can't express myself very well.

I can't tell you exactly what I'm thinking

*I can't express my mind very well.

3. 다음으로 약속을 미루자. 금요일은 올 수 없다.

___

 Note 다음 기회에 만나자; give me a rain check

Ans Please give me a rain check. I can't come on Friday.

Let's put off our meeting. I can't come on Friday.

4. 오늘 집에 타고 갈 것을 구했다. 나를 태우러 올 필요가 없다.

___

 Note 태우러 오다; pick up

Ans I'm getting a ride home today. You don't have to pick me up.

5. 그는 군 [해군]에 입대할 예정입니다.

___

 Note 입대하다; enlist in

Ans He is going to enlist in the military [the Navy].

1. 다음 우리말을 영어로 쓰세요.

수미의 점수 (Sumi's Score)

수미는 이틀 전에 수학시험을 쳤다.

그녀의 수학선생님은 어제 시험지를 채점했다.

오늘 아침, 수미는 그녀의 성적을 받았다. 59점을 받았다.

이것은 수미에게는 나쁜 성적이었다. 그녀는 속상해서, 잠시 동안 울었다.

그녀는 눈물을 닦은 뒤에 시험지를 다시 보았다. 한 문제만 틀렸다.

그녀는 시험지를 선생님에게 가져갔다.

선생님이 그것을 보고 말했다. "수미야, 시험지에 점수를 잘못 적었다.

너의 진짜 성적은 95점이다." 수미는 이제 실망하지 않았다.

그녀는 안도감을 느꼈다.

 grade, score, upset, dry, wrong

2. 다음 우리말을 영어로 쓰세요.

기숙사 청소하기 (Cleaning the Dorm)

1. 훈련생(훈련병)들은 건물 주위의 모든 휴지를 주워야 한다.

2. 훈련병은 기숙사의 바닥을 쓸기 위해 긴 빗자루를 사용한다.

3. 그는 물로 바닥을 닦는다.

4. 그는 바닥 전체를 물걸레로 민다.

5. 그는 솔과 비누와 물로 바닥을 문지른다.

6. 그는 자신의 제복을 다려야 한다.

7. 그는 검정색 구두약으로 단화를 매일 닦아야 한다.

key words pick up, broom, sweep, mop, scrub, iron, polish, shoe polish

3. 아래 밑줄 친 부분을 다른 표현을 사용하여 대체하세요.

When Sumin visited his uncle in Busan, he did the same things every day. First, he ate a big breakfast. Then, he helped his uncle clean up the house. After that, they took a trip to the gym for a two-hour workout. In the afternoon, they took a one-hour nap, and then they played cards until it was time for dinner. After dinner, they took a three-mile walk. When they got home, it was time for a shower and bed. Harry was in real good shape when he got home from his uncle's house.

06 여행정보 (Travel Information)

* 주어진 예문을 참고하여, 우리말을 영어로 옮기세요.

---

1. 관광안내소가 어딥니까?

Where's the tourist information?

Q: 고속도로 진입구가 어디에 있어요?

_____

Note 매표소; ticket window. 유실물 취급소: the lost and found

Ans Where is the entrance to the highway?

---

2. 시내안내서 [지도]가 있나요?

Do you have a guidebook [a map] of this city?

Q: 제주도 관광안내서는 어디서 사지요?

_____

Note 안내책자; guide(book), brochures, pamphlet, booklet

e.g. ● 호텔 [버스]안내 책자 있습니까?
Do you have any hotel guide [a bus guide]?

Ans Where can I buy a guidebook for Jejudo?

---

3. 지금 여기가 어디에요?

Where am I now?

Q: 실례지만, 저는 이 지도의 어디쯤 있습니까?

 Note 초면인 상대방에게 물을 때에는 반드시 'Excuse me'를 붙이는 것이 예의이다.

e.g. ● 그곳은 이 지도의 어디에 있습니까?
Would you show me the place on this map?
● (스키장에서) 초보자용 [중급자용, 상급자용] 사면은 어디에 있습니까?
Where's the slope for beginners [intermediate skiers, advanced skiers]?
● A: 실례합니다만, 손 씻는 곳이 어디 있나요?
Excuse me. Where can I wash my hands?
B: 꽃집 옆에 세면장이 있습니다.
There's a washroom next to the flower shop.

Ans Excuse me. Where am I on this map?

Excuse me. Could you show me where I am on this map?

---

4. 이 주위에 좋은 [추천할 만한] 곳 있습니까?

Could you recommend some interesting sights around here?

Do you have any recommendations around here?

Q: 다른 가볼 만한 곳을 소개해 주세요.

Note 이 근처에; around here

그 외 'recommend'를 사용하지 않고 다음과 같이 다양하게 표현할 수 있다.

Is there any interesting place [anything of interest] in Jejudo?

What do you think I should see while I'm staying in Jejudo?

What are the most famous tourist attractions in Jejudo ?

What are the best things to see in Jejudo?

Could you tell me the points of interest in Jejudo?

e.g. ● 주변을 구경시켜 주시겠습니까?
Would you mind taking [showing] me around?
Could you take me to a few interesting places?
Would you give me a tour?

Ans Could you recommend any other sites I should see?

---

5. 대영박물관에 어떻게 갑니까?

How can I go [get] to the British Museum?

Please show [tell] me the way to the British Museum.

Do you know where the British Museum is, please?

Which way to the British Museum?

Q: 저도 그쪽으로 갑니다. 따라 오세요.

Note 다음과 같은 대답 또는 질문도 여행 중 사용된다.

e.g. ● 5번 도로로 남쪽으로 (운전해) 가세요.
　　Take the 5 south.
　● 프랑스 초상화가 작품 [르누아르 작품]은 어디에 있습니까?
　　Where can I find French portrait painters [the works of Renoirs]?
　　Where are French portrait painters [the works of Renoirs]?
　● 이 소포를 포장하는 데가 어디 있어요?
　　Where can I get this parcel wrapped?

Ans I'm going that way myself. Follow me.

　　I'm headed that way too. Come with me.

---

6. 시내 관광버스가 있습니까?

Do you have a sightseeing bus of the city?

Q: 라스베이거스를 방문하는 투어가 있습니까?

 Note 부산에서 도쿄로 가는 야간 페리선이 있습니까?

Could you tell me if there's a night ferry from Pusan to Tokyo?

Is there a night ferry from Pusan to Tokyo?

Ans Do you have a tour to Las Vegas?

---

7. 휴대품보관소는 어디에 있습니까?

Where's the coin locker [checkroom, cloakroom]?

Q: 짐을 어디에 맡기지요?

Note 물품 [휴대품] 보관소; coin locker, checkroom, cloakroom

e.g. ● 이 근처에 휴대품 보관소가 있습니까?
Is there a coin locker [checkroom, cloakroom] around here?

Ans Where can I leave my things?

---

8. 그 여행 경비가 얼마입니까?

How much does the tour cost? What's the fare for the trip?

Q: 도쿄로 가는 비행기의 요금은 얼마입니까?

_____

 Note 비용이 들다; cost

e.g. ● 여기서 경복궁까지는 택시요금이 어느 정도 나옵니까?
How much would it be to Kyongbok Palace by taxi?
How much does it cost to Kyongbok Palace by taxi?
● 공항까지 대충 얼마입니까?
What's the approximate fare to the airport?
How much does it cost to the airport?

Ans How much does it cost to fly to Tokyo?

---

9. 여섯 살 이하의 아이는 여행비가 무료입니까?

Do children under 6 travel (for) free?

Is it free for children under 6?

Q: 여섯 살에서 열두 살 사이는 반액입니까?

_____

 무료의; free

e.g. ● 열두 살 아래의 어린이는 반값입니다.
It's half fare for the children under twelve.
● 관광객도 전액 다 지불해야 하나요?
Do tourists have to pay full fare?

Ans Is it half fare for the children between six and twelve?

Do children between six and twelve travel for half fare?

---

10. 나는 기회가 있을 때마다 여행을 합니다.

I go on a tour [take a trip] whenever I can.

Q: 나는 3주 후에 유럽을 여행할 예정이다.

 여행하다; travel, go on a tour, make a tour, take a trip.
3주 후; in three weeks, three weeks from now, three
weeks hence. 시간의 경과를 의미하는 전치사는 'in'(지난 뒤
에)을 사용한다.

e.g. ● 나는 3주 후에 하와이로 출항할 예정입니다.
I am going to set sail for [to cruise to] Hawaii in three weeks.
● 나는 서울에 갈 때마다 중고서점을 방문합니다.
Whenever [Every time] I come up to Seoul, I visit a second-
hand bookshop.

Ans I am going to make a tour [to take a trip] around Europe in

three weeks.

11. 나는 처음으로 서울을 방문했다.

I visited Seoul for the first time.

Q: 첫눈에는 그것이 섬처럼 보였다.

_____

Note 처음으로; for the first time. 처음부터; from the first [be-
ginning, start]. 첫눈에/얼핏 보기에는; at first sight, at first
glance, at a glance.

e.g. ● 첫눈에 그녀에게 반했다.
I fell in love with her at first sight.
● 나는 처음부터 영어를 좋아했다.
I liked English from the first.

Ans It looked like an island at first sight [at a glance].

12. 친구들이 유럽으로 가는 그를 배웅하러 나왔다.

His friends came to see him off to Europe.

Q: 어제 삼촌을 배웅하러 인천공항에 갔다.

_____

Note 배웅하다(see off) vs 마중가다(meet)

e.g. ● 공항에 마중 나가겠습니다.
I'll come to meet you at the airport.

Ans Yesterday I went to Incheon airport to see my uncle off.

13. 카메라를 찾으러 호텔로 돌아가고 싶습니다.

I want to return to the hotel to pick up my camera.

Q: 호텔에 전화해서 카메라가 있는지 확인해야 합니다.

 Note 'Pick up'은 '찾다, 태우다' 등 여러 가지 의미가 있다.

e.g. ● 호텔에 태우러 나가겠습니다.
I'll pick you up at your hotel.

Ans I should call the hotel to find out if my camera is in the hotel.

14. 이 등록카드 [방명록]에 기입해 주십시오.

Please fill in the registration card [guest book].

Q: 성명, 전화번호, 숙소를 적어 주세요.

 Note 적어넣다, (빈 곳을) 채우다, 쓰다; fill in, fill out, write down

e.g. ● 당신 이름과 이메일 주소를 써 주시겠어요?
Write down your name and e-mail address, please.

Ans Please fill in your name, phone number, and where you'll be staying.

* 다음 문장을 영어로 쓰세요.

1. 비행기 예약을 다시 확인하고 싶습니다.

Note 재확인하다; reconfirm

Ans I'd like to make a reconfirmation for my flight.

I want to reconfirm my reservation for my flight.

2. 손님 짐을 택시 타는 데까지 웨이터가 나르도록 시키겠습니다.

Note 웨이터; waiter, bellboy, serviceman

Ans I'll get the waiter [bellboy, serviceman] to take your baggage
to the taxi stand.

3. 그것은 몇 층에 있어요?

Note 층; floor

Ans What floor is it on?

4. 서울 시내가 잘 보이는 전망 좋은 방 [자리]을 주세요.

 Note 전망이 좋은; with a good view of

Ans Can I get a room [table] with a good view of the Seoul street.

5. 캠프 시설이 있어요. [시설을 이용할 수 있습니까?]

Note 이용 가능한; available

Ans Are camping facilities available?

1. 다음 우리말을 영어로 쓰세요.

부부 여행 (A Couple's Trip)

민수와 수미는 여행 준비를 하고 있었다.

그들은 세탁을 하고 가방을 꾸렸다.

다음 날 아침, 그들은 차에 기름을 가득 채우고 여행을 떠났다.

약 5시간 운행한 다음, 민수는 연료 게이지를 확인했다.

그는 기름이 거의 떨어진 것을 알았다. 기름이 떨어지지 않도록, 다음 블록의 정유소에 멈추어 기름을 가득 채웠다.

기름을 채운 뒤 종업원에게 화장실이 어디에 있는지 물었다.

그는 주유소 옆에 있다고 말했다.

남자 화장실은 왼쪽, 여자 화장실은 오른쪽에 있었다.

key words do the laundry [wash the clothes], suitcase, gasoline, fill up, men's room, ladies' room

2.1. 아래 그림에 대한 우리말 묘사를 영어로 바꾸세요.

S1: What do you think of the new bridge?

S2: 차를 몰고 건너가기에 아주 멋집니다.

그것은 커브가 심한 다리입니다.

계곡 위의 강을 가로지릅니다.

다리에서는 (몇 마일에 걸친) 숲 전체를 볼 수 있습니다.

2.2. 아래 그림에 대한 우리말 묘사를 영어로 바꾸세요.

S1: What was it like at the lake?

S2: 아, 아름다웠어. 호수물에 나무와 산이 비쳤어.

내가 거기 갔을 때 호수의 밑바닥이 보였어. 너무 깨끗했어.

들판에는 가축이 있었고, 호숫가에서 풀을 뜯고 있었어.

07 교통안내
(Traffic Guide)

A. 모델 문장 연습 (Model Sentence Practice)

* 주어진 예문을 참고하여, 우리말을 영어로 옮기세요.

---

1. 이 주위에 지하철 [기차역]이 있습니까?

Is there a subway station [a train station] around [near] here?

Q: 이 캠프 안에 실내 테니스장이 있습니까?

_____

 Note 이 근처에; around [near] here

e.g. ● 이 근처에 주유소는 없습니까?
(Is there) a gas station around here?

Ans Is there an indoor tennis court in this camp?

---

2. 바르셀로나까지 편도 한 장 주세요.

A single [one-way] ticket to Barcelona, please.

Q: 서울로 가는 왕복표 [일등석]을 주세요.

_____

Note 편도표; single [one-way] ticket. 왕복표; return [round trip] ticket

외국에서는 버스와 기차표는 가능하면 왕복표를 사는 것이 싸고 편리하다.

e.g. ● 왕복 표[권]을 보여주세요.
Would you show me your return [round trip] ticket?
● 요금표를 보여 주시겠어요?
May I see your list of rates?

Ans (I'd like) a round-trip/return [first class] ticket to Seoul.

---

3. 어느 버스가 산타바바라 갑니까?

Which bus goes [runs] to Santa Barbara?

Q: 산타바바라로 가는 버스 정류소는 어디에 있습니까?

Note 운행하다; go, run

e.g. ● 이 버스 산타바바라 행 맞습니까?
Is this the (right) bus to Santa Barbara?
● 파리 행 열차는 어디에 있습니까?
Where's the train for Paris?
● (지하철) 이것은 킹즈 거리로 갑니까?
Is this for King's street?

Ans Where is the bus stop to Santa Barbara?

4. (기사) 어디로 모실까요?

Where to, sir?

Q: (기사) 어느 항공을 타십니까?

_____

 Note 어디로 가실까요?; Where (do you want to go) to?

e.g. ● 거기 가는 가장 좋은 방법은 무엇입니까?
What's the best way to get there?
● 거스름돈은 가지세요.
Keep the change.

Ans Which airline are you taking?

---

5. [버스가] 호텔까지 태우러 옵니까?

Will you [the bus] pick us up at the hotel?

Q: 다섯 시에 널 태우러 갈게 [올게].

_____

 Note ~를 (차에) 태우러 가다 [오다], 사다; pick up

e.g. ● (기사에게) 다시 태워 주시겠어요?
Would you pick us up again?
● 가게에서 오렌지 몇 개만 사올래?
Could you pick up a few oranges at the store?
● 버스가 공항 밖에서 승객을 태운다.
The bus picks up the passengers outside the airport.

Ans I'll pick you up at five.

---

6. 서울행 첫차 [막차]가 몇 시에 있어요?

When is the earliest [last] train for Seoul?

Q: 버스는 몇 시까지 운행합니까?

 Note (방향, 목적지) ···을 향하여, ···행의 : (bound) for. 운행하다; run

e.g. ● 이 기차는 부산행입니까?
　　　Is this the train (bound) for Busan?
　　● 이 배는 부산과 인천 사이를 운행합니다.
　　　The ship runs between Incheon and Busan.
　　　The ship sails from Incheon to Busan.

Ans How late do the buses run?

What time do the buses stop running?

---

7. 우리는 예정대로 출발 [도착]합니까?

Are we starting [arriving] on time [on schedule]?

Q: 우리 배 [비행기]는 예정대로 갑니까?

 Note 정시에; on time, on schedule. 할부로; on time, on the installment plan. 외상으로; on credit

e.g. ● 그녀는 차를 할부로 샀다.
　　　She bought a car on an installment plan [on credit].
　　　('할부로'라는 의미로 'on time'은 오늘날 사용하지 않음.)
　　● 그녀는 차를 월부로 샀다.
　　　She bought a car by [in] monthly installments.

Ans Is our ship [flight] on time [on schedule]?

Does our ship [flight] run on time [on schedule]?

---

8. 거기까지 얼마나 걸립니까?

How long does it take to get there?

Q: 케이블카로는 꼭대기까지 얼마나 걸립니까?

_____

 Note (시간, 노력)이 걸리다, 필요하다; take. 구어에서는 'it takes'는 종종 생략된다.

e.g. ● 기차역까지는 얼마나 걸립니까?
　　　How long (does it take to go [get]) to the train station?
　　● 로마까지 몇 시간 걸립니까?
　　　How many hours (does it take) to Rome?
　　● (기차역까지는) 차로 1시간 걸립니다.
　　　(It takes) about an hour (to the train station) by car.

Ans How long (does it take to get) to the top by cable car?

9. (표를 보이며) 이 열차입니까?

Is this my train?

Q: 이 열차가 파리 행 맞습니까?

_____

Note 맞은; right

e.g. ● 여기가 36–1번 버스 주차장입니까?
Is this the right bus stop for the number 36 dash one bus?
Can I catch the number 36 dash one bus at this bus stop [at here]?

Ans Is this the right train for Paris?

---

10. 시내까지 몇 정거장 남았습니까?

How many stops (is it) to downtown?

Q: 로열 호텔까지 몇 정거장 남았습니까?

_____

Note 'It is'(비인칭주어와 Be 동사)는 구어에서 흔히 생략된다.

e.g. ● 다음 정류장에서 내리겠습니다.
I'll get off at the next stop.
● 북부역은 몇 번째입니까?
How many stops are there to North station?

Ans How many stops (is it) to the Royal hotel?

11. 여기서 내리겠습니다.

I get off here.

Q: 이태원에 가려면 어디서 버스를 내려요?

_____

 Note 내리다; get off, get out of

e.g. ● 나는 다음 정거장에서 내립니다.
I'm getting off at the next stop.
● 나는 서울에서 기차를 타서, 대구에서 환승하고, 부산에서 내렸다.
I took [got on] the train in Seoul, changed [transferred] in Dae-
gu, and got off in Busan.
● 이태원에 가려면 버스를 갈아타야 돼요?
Do I need to change buses to go to Itaewon?
Do I have to transfer to go to Itaewon?
● 내릴 때 [도착했을 때] 알려 주시겠습니까?
Could you tell me when to get off [when we're there]?

Ans Where do I get off to go to Itaewon?

---

12. 나는 가까스로 오전 7시 30분 열차 [급행 열차]에 맞게 도착하였다.

I was just in time for the 7:30 (a.m.) train [express].

I managed to get on [catch, make, take] the 6:30 train [express].

Q: 나는 오후 3시발 기차시간에 맞게 역에 도착했다.

_____

 Note 힘들게 …하다, 겨우 …하다; manage to

시간에 맞게; just in time, in good time

e.g. ● 그는 저녁식사 시간에 꼭 맞춰 집에 돌아왔다.
He returned home in good time for the dinner.

Ans I got to [arrived at] the station just in time [in good time] for
the 3 p.m. train.

---

13. 차를 어디서 빌릴 수 있어요?

Where can I rent a car?

Q: 소형차 [중형세단]를 일주일 빌리고 싶습니다.

Note 소형차; mini-car, compact [small] car.
중형차; a medium vehicles, a medium-sized passenger car.

e.g. ● 오토매틱 [수동]을 원합니다.
I want a car with automatic [manual] transmission.
● (렌터카에서) 샌프란시스코에 차를 놔두고 싶은데요.
I'd like to drop it off at San Francisco.

Ans I'd like to rent a compact car [midsize sedan] for a week.

14. 어떤 종류의 선박여행 [크루징]이 있습니까?

What kind of cruising do you have?

Q: 우리는 가까운 장래에 이지스함을 타고 세계를 순항할 계획 중이다.

_____

Note 순항(하다), 선박유람(하다); cruise

e.g. ● 선박여행에서는 무엇을 합니까?
What are we going to do on the cruise?

Ans We're planning to cruise on the Aegis destroyer around the world in the near future.

15. 이 배에는 구명구 [구명조끼/구명정]가 구비되어 있습니다.

This ship is equipped with life preservers [life jackets/life boats].

Q: 그 호텔은 모든 근대적 설비가 갖추어져 있다.

_____

Note 갖추다; be equipped with

e.g. ● 이지스함은 날아오는 미사일을 추적하고 요격할 수 있는 함정적재 미사일을 갖추고 있다.
Aegis destroyers are equipped with ship-based missiles that can track and intercept [shoot down] incoming missiles.

Ans The hotel is equipped[fitted] with all modern comforts and conveniences.

---

16. 오후 4시 30분부터 6시 30분까지는 교통이 많다.

There's usually very heavy traffic from 4:30 to 6:30 in the afternoon.

Q: 금요일 오후에는 모두가 집에 가기 때문에 교통체증이 있다.

 Note 교통체증; heavy traffic, traffic jam, bumper-to-bumper traffic

e.g. ● 우리는 교통체증에 막혔다.
  We were stuck in a traffic jam [in heavy traffic].

Ans There's a big traffic jam on Friday afternoon because everybody wants to get [go] home.

---

17. 안전벨트를 매야 합니다.

You must wear [fasten] your seat belts.

Q: 그는 항상 차를 타면 안전벨트를 맨다.

 Note (벨트를) 매다; buckle up, fasten, wear

e.g. ● 그는 항상 벨트를 맨다.
He always buckles up (his belt).

Ans He always wears [fastens] his seat belt when he gets in a car.

---

18. 이 자리는 노약자와 장애인을 위한 자리입니다.

This seat is reserved for the elderly and the handicapped.

Q: 앞좌석은 노인들이나 장애인들을 위해 남겨져 있다.

_____

Note 장애가 있는; handicapped, disabled

e.g. ● 이 주차공간은 장애인 전용입니다.
This parking space is designated for the handicapped.

Ans The front seats are reserved for the elderly and handicapped people.

---

19. 우리는 차에 휘발유를 가득 채우고 여행을 출발했다.

We started the trip with a full tank of gasoline in the car.

Q: 우리는 차에 기름을 채우기 위해 다음 블록에 있는 주유소에 멈췄다.

_____

Note 기름을 채우다; fill it [her, the car, the tank] up

e.g. ● 내 차를 주유소에 가지고 가서 휘발유를 채워줄래? 기름이 없다.
Will you take my car to the gas station and fill it up? It is empty.
● 휘발유가 얼마나 있는지 게이지를 확인해라.
Check the gauge to see how much gas(oline) you have.
● (레귤러로/보통으로/디젤로) 가득 채워 주세요.
Fill it [her] up (with regular/with unleased/with diesel), please.
Fill up the tank.

Ans We stopped [pulled over] at a gas station in the next block
to fill up the car.

---

20. 선생님, 차를 길가로 세워주세요.

Sir, could you pull over (your car)?

Q: 경찰은 교통위반으로 차를 길 옆에 세우라고 했다.

Note 갓길에 대다, 멈추다, 길 한쪽으로 차를 대다 [비켜주다]; pull
over

e.g. ● 다음번 주유소에서 차를 멈추고 점검해 보자.
Let's pull over at the next gas station and take a look.

Ans The police ordered me to pull over for a traffic violation.

21. 고속도로에서 속도는 시간당 55 또는 65마일입니다.

The speed limit on the highways is 55 or 65 m.p.h. [miles per hour].

Q: 시내에서는 대개 시간당 60 또는 70킬로입니다.

 Note 시간당 100km; 100 kilometers per hour

e.g. ● (경관) 제한속도를 어겼습니다 [과속했습니다].
You violated [exceeded] the speed limit.
You're way over the speed limit.

Ans The speed limit on city streets is usually 60 or 70 k.p.h. [kilos per hour].

---

22. 앞차를 조심해야 합니다.

People should watch out for the vehicles ahead of them [in front of them].

Q: 운전대를 잡았을 때에는 운전에 집중하시오.

 Note 주의하다, 조심하다; watch out for, look out for
신경을 집중하다; keep one's mind on, concentrate on
도로상에서 '앞차'를 'front car'라고 하지는 않는다.

e.g. ● 그의 달콤한 말에 주의하는 것이 좋다.
You'd better watch out for his sweet talk.
● 네가 하는 일에다가 신경을 써!
Keep your mind on your work.
● 모든 운전자는 오른쪽 통행을 해야 한다.
All drivers must keep to the right side of the street.

Ans Keep your mind on your driving when you're behind the
(steering) wheel.

---

23. 긴급차량의 불이 번쩍일 때에는 차를 길가에 대야 합니다.

You should pull over when the lights on an emergency
vehicle are flashing.

Q: 노란불이 반짝이면 속도를 늦추고 조심해서 운전해야 합니다.

 Note 긴급차량; emergency vehicle. 견인차; wrecker, tow truck

e.g. ● 붉은 불이 반짝일 때에는 멈추고, 길 양쪽을 본 뒤에, 조심하여 운
전하세요.
You should stop, look both ways, and drive cautiously when a
red light is flashing.

Ans You should slow down and drive with caution [cautiously]
when a yellow light is flashing.

24. 안개 낀 상태는 시계를 영으로 만든다.

Foggy conditions make visibility zero.

Q: 짙은 안개는 시야를 축소하며, 운전을 매우 위험하게 한다.

 Note 시계; visibility

e.g. ● 짙은 안개 때문에 10미터 전방도 보이지 않는다.
Because of the thick fog, visibility is less than ten meters.
● 어떤 사람들은 진눈깨비가 내리면 운전이 미숙하다.
Some people are not used to driving when it has sleeted.
● 밝은 불빛을 보면 종종 눈이 보이지 않는다.
We are often blinded by the bright light.

Ans Heavy fog reduces visibility and makes driving very danger-
ous.

B. 단문 연습 (Sentence Practice)

* 다음 문장을 영어로 쓰세요.

1. 버스에는 몇 명의 승객이 있느냐?

___

Note 승객; passenger. 보행객; passer-by

Ans How many passengers are on [in] the bus?

2. 택시를 불러 주세요.

___

Note (전화로) 부르다; call

Ans Call a taxi for me, please.

3. 비상 전화번호를 알려 주시겠어요?

___

Note 비상 전화번호; emergency (tele)phone number

Ans Please give me some emergency telephone numbers.

4. 사고가 나면 어떻게 합니까?

___

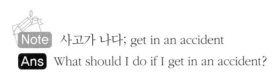

Note 사고가 나다; get in an accident

Ans What should I do if I get in an accident?

5. 배에 대한 안전규칙과 법을 준수하시오.

Note 안전규칙; safety rule

Ans Obey the safety rules and laws for boating.

C. 장문 연습 (Paragraph Practice)

1. 다음 우리말을 영어로 쓰세요.

속도 제한 (The Speed Limit)

많은 사람들은 속도 제한을 따르지 않는다.

그들은 주의를 하지 않지만, 주의해야 한다.

먼저, 급하게 어떤 곳으로 갈 때 사람들은 종종 안전운행을 하지 않는다는 것을 인식할 필요가 있다.

둘째, 그들은 상대적으로 느린 운전자보다 더 많은 휘발유를 사용한다.

셋째, 속도 위반딱지를 받으면 더 많은 시간과 금전이 소요된다.

넷째, 가장 중요한 것은 사고가 나면 관련된 모든 사람에게 많은 고통을 줄 수 있다.

그러므로 운전자는 항상 속도제한을 준수해야 한다.

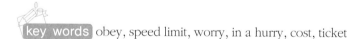 key words obey, speed limit, worry, in a hurry, cost, ticket

2. 다음 글을 읽고 우리말 요약을 영어로 쓰세요.

Visibility (視界)

Visibility during foggy weather can be as low as zero. The road becomes invisible except for the yellow stripe **in the median** [down the middle] and the white line at the **shoulder** [edge]. Driving in heavy fog can be extremely hazardous. Drives should slow down, watch the lines on the road, and look for the **tail lights** [red lights] of the vehicles ahead. Accidents often occur when a driver realizes too late that someone in front of him either is going much slower than he is or has stopped completely. Drivers should also keep their car's headlights low. Fog reflects light, so using the **high beams** [bright lights] only makes seeing through the fog more difficult.

 요약 짙은 안개는 시계를 축소하여 운전을 어렵게 만든다. 사람들은 천천히 운전하고, 자신의 앞차를 경계해야 하며, 차의 낮은 전조 등을 사용해야 한다.

08 항공여행
(Air Travel)

A. 모델 문장 연습 (Model Sentence Practice)

* 주어진 예문을 참고하여, 우리말을 영어로 옮기세요.

---

1. (기사에게) 공항까지 부탁합니다.

(Take me) To the airport, please.

Q: 공항에 모시러 가겠습니다. [공항에서 만나겠습니다.]

_____

 데리고 가다; take. 데리러 가다; pick up
구어에서는 흔히 'Take me'가 생략된다.

e.g. ● 차로 모셔다 드리겠습니다.
I'll take you in my car.
● 공항까지 모셔다 드릴까요?
Shall I take you to the airport?
● 로열 호텔 가는 버스입니까?
(Is this the) Bus to the Royal hotel?

Ans I'll pick you up at the airport.

I'll meet you at the airport.

2. 제주행 오늘 표를 살 수 있나요?

Can I get a ticket for Jejudo for today?

Q: 런던 행 항공권을 한 장 구입하고 싶습니다.

_____

 구입하다; get, buy. 경유하여; via, by way of

e.g. ● 우리는 도쿄를 경유하여 L.A.로 비행하였다.
We flew via Tokyo to L.A.
● 부산에서 마닐라 가는 직행 항공기가 있나요?
Is there a direct flight to Manila from Pusan?
● 대기자로 해 주세요.
Would you put my name on the waiting list?

Ans I'd like to buy a ticket for a flight to London.

3. 이것 [이 비행기]은 몇 시에 출발합니까?

When does it [this plane] depart?

What time does it depart?

I want to make sure what time it's leaving/departs.

Q: 언제 탑승할 수 있습니까?

_____

 탑승하다; get on, board. 도착하다; arrive at, get to (into). 떠나다, 이륙하다; take off, leave, depart

e.g. ● 20분 후에 출발합니다.
　　It departs in 20 minutes.
　● 기차는 오늘밤 정오에 떠날 것이다.
　　The train will leave at midnight tonight.
　● 히스로 공항에는 몇 시에 도착합니까?
　　What time do we get (in)to Heathrow?
　● 비행기는 7시에 이륙하여 히스로 공항으로 갈 것이다.
　　The plane will take off for Heathrow at seven.

Ans When is the boarding time?

　　When can we get on [board] the plane?

---

4. 다음 비행기는 몇 시입니까?

When is the next flight?

When does the next flight come?

Q: 제주행 다음 비행기가 언제 있나요?

Note 특정 지역으로 가는 항공기, 비행편 ; flight. 비행기; airplane, plane

e.g. ● 747편은 17번 게이트에서 탑승하세요.
　　Flight 747 is now boarding at Gate 17.
　● 그보다 더 이른 비행기가 있나요?
　　Is there an earlier flight than that?
　● 화물이 비행기에 적재되고 있다.
　　Cargo is being loaded onto the plane.
　● (비행기) 가능한 빨리 가고 싶습니다.
　　I want to fly as soon as possible.

Ans When is the next (available) flight to Jejudo?

5. 우리 비행기 [배]는 예정보다 느립니까?

Is my flight [ship] behind schedule [time]?

Q: 우리 비행기 [배]는 예정보다 빠릅니까?

예정보다 늦은; behind schedule, behind time, overdue
예정보다 빠른; ahead of schedule, ahead of time

e.g. ● 예정대로 여행할 수 있습니까?
Can I travel as scheduled?
● 그 열차는 20분 연착했다.
The train was 20 minutes behind schedule [20 minutes overdue].
The train arrived 20 minutes late.
● 그는 늘 지각한다.
He is always behind schedule. He always comes late.

Ans Is my flight [ship] ahead of schedule [time]?

6. 저는 관광으로 여기에 왔습니다.

I came here for sightseeing.

Q: 여기에 사업차 [공부하러] 왔습니다.

Note 주로 외국 여행시 공항 출입국관리소에서 흔히 사용되는 표현
이다.

e.g. ● 나는 방학으로 여기에 왔습니다.
I'm here on vacation.

● 저는 여행중입니다.

I'm on a tour.

Ans I'm here on business [to study].

---

7. 입국카드 작성법을 모르겠습니다.

I'm not sure how to fill out the immigration card.

Can you explain how to fill out the immigration card?

Q: 출국카드 [입국카드]는 어디서 받습니까?

_____

Note 출국카드; embarkation card

입국카드; disembarkation card, landing card

e.g. ● 유럽인이 아닌 사람만 입국카드를 쓰게 되어 있다.

Only non-European nationals are required to complete a landing card.

● 이 세관신고서는 누구나 작성해야 합니까?

Does everybody have to fill out this customs declaration form?

Ans Where can I get an embarkation card [landing card]?

---

8. 짐의 초과요금은 얼마입니까?

How much must I pay for the extra weight?

Q: 몇 킬로까지 면세가 됩니까?

_____

항공편 가방 또는 수화물은 항상 무게 제한이 있다.

e.g. ● 수화물은 몇 개까지 부칠 수 있나요?
　　　Is there a limit on the number of bags?

　　 ● 면세로 살 수 있습니까?
　　　Can I get it tax-free?

Ans How many kilograms can be exempted from taxation?

---

9. 이 가방들은 기내에 가지고 갈 수 있습니까?

Can I carry these bags in the cabin?

Can I take these bags as carry-on luggage [baggage]?

Q: 객실 [선실] 내에는 하나만 가지고 갈 수 있습니다.

Note 휴대할 수 있는 (물품) : carry-on

e.g. ● 이 짐은 휴대용 물품입니다.
　　　This is a carry-on baggage.

Ans You're allowed only one item in the cabin.

　　　Only one carry-on is allowed.

---

10. 747편 탑승게이트가 여깁니까?

Is this the boarding gate for flight 747?

Q: 여기에서 747 항공편을 체크인 [탑승수속] 합니까?

Note 공항에서의 탑승 순서; ticketing(표끊기)⇒check-in(탑승수속)
⇒boarding(탑승)

e.g. ● 이것이 샌디에이고 행 게이트입니까?
Is this the gate to San Diego?
● 여기에 탑승권이 있습니다. 편명이 나오면 20번 게이트로 가세요.
Here's your boarding pass. Please go to gate 20 when the flight
is called.
● 접속편 (항공기) 탑승구는 어디입니까?
Where is the gate for the connection flight?

Ans Can I check in here for flight 747?

---

11. 승객들은 비행기에 타려고 기다리고 있다.

Passengers are waiting to board [get on] the plane.

Q: 선원들은 현문을 걸어 올라가 자신들의 배에 승선했다.

_____

Note (배 또는 비행기를) 타다; board, get on
승선한, 탑승한; on board, aboard

e.g. ● 모든 승객들이 벌써 탑승했습니까?
Have all of the passengers gone on board yet?

Ans The sailors walked up the gangway(ladder) **to board their
ship**/to get aboard.

12. 우리는 지금 런던행 비행기를 타야 한다.

We should get on [board] the plane bound for London now.

Q: 나는 오후 3시 서울행 기차를 타야 합니다.

_____

Note (런던으로) 향하는; bound for (London), London-bound
(차에서) 내리다; get off, get out of, alight

e.g. ● 그들은 서울역에서 하차했다.
They alighted from the train at Seoul Station.
● 우리는 지금 기차 [택시, 비행기]에서 내렸다.
We've got off/ got out of the train [the taxi, the plane] now.

Ans I should catch the 3 p.m. train bound for Seoul.

13. 비행기 일정을 변경하고 싶은데요.

I want to change the flight.

Q: 오후 비행기로 변경하고 싶습니다.

_____

Note 650편 예약을 변경하고 싶습니다.
I'd like to change my reservation on your flight, number 650.
예약을 변동 또는 취소하려면 미리 전화해 주세요.
If you need to change or cancel your reservation, please call us in advance.

Ans I'd like to change it [my reservation] to an afternoon flight.

---

14. 공항에 내 가방을 가지고 오너라.

Bring my suitcase to the airport.

Could you bring my suitcase with you to the airport?

Bring me the suitcase to the airport. (사용하지 않음)

Q: 내 가방을 공항에 가져가거라.

_____

Note (말하는 사람의 위치로) 가져오다; bring. (말하는 사람의 위치에서 멀어
지면) 가져가다; take. 'Bring'은 4형식 동사지만 주로 3형식
(bring + 사물 + to)으로 사용한다.

e.g. ● 리무진 버스정류장까지 이 짐들을 옮겨 주시겠어요?
Please bring these bags to the limousine bus stop.

Ans Take my suitcase to the airport.

---

15. 비행기가 저쪽에서 이륙 [착륙]하고 있다.

A plane is taking off [landing] over there.

Q: 활주로에 있는 비행기는 오전 9시에 이륙할 것이다.

_____

Note 이륙하다, 벗다, (휴가로) 쉬다; take off

e.g. ● 우리는 방 안에서는 모자를 벗는다.
We take off our hat in the room.
● 나는 다음 달 며칠 쉴 것이다.
I'll take a few days off next month.

Ans The plane on the runway [ground] will takes off at 9:00 a.m.

The plane is leaving the runway at 9.

---

16. (세관사무소에서) 세금 환급수속을 하고 싶은데요.

I'd like to apply for tax exemption (at the customs office).

Q: 세금으로 지불한 돈을 돌려 받을 수 있습니까?

_____

 Note 세금 환급 [공제]; tax exemption

e.g. ● 어느 정도 환급받나요?
How much will I be saving?

Ans Can I get the money back that I've paid in tax?

* 다음 문장을 영어로 쓰세요.

1. 기내 [배]에서 식사가 제공됩니까?

_____

 Note 승선하여, 탑승하여; on board

Ans Are meals served on board?

2. 이것은 기내에 가지고 갈 수 있습니까?

_____

 Note 객실, 선실; cabin

Ans Can I carry this in the cabin?

3. 금연석 통로 쪽을 부탁합니다.

_____

 Note 통로 좌석(화장실 이용이 편리함); aisle seat, 창가 좌석(경치조망이
유리하나, 날개 옆은 조망불가); window seat

Ans An aisle seat in the non-smoking section, please.

4. 15일날 같은 배 [비행기]로 가겠습니다.

Note 지정된 날짜에 대한 전치사; on

Ans I'd like to sail [fly] on the 15th on the same ship [flight].

1. 다음 우리말을 영어로 쓰세요.

민수의 여행 (Minsu's Trip)

민수는 2주 후에 런던에 갈 것이다.

어제 그는 여행사에 연락하여 예약을 했다.

그는 다음 주 여행사에서 표를 찾을 것이다.

또한 새 여행가방도 챙길 것이다.

2주 후에 그는 인천 국제 비행장에 갈 것이다.

그의 비행기는 7번 게이트에서 출발한다.

그는 비행기를 타고 즐거운 여행을 기대하고 있다.

key words travel agency [agent], reservation, pick up, suitcase, trip

2. 다음 우리말을 영어로 쓰세요.

예약 (Reservation)

승기는 다음 달 첫째 주에 방콕으로 가서, 그 다음 달에 돌아온다.

오늘 아침 그는 세계여행사에 근무하는 친구 기찬이에게 전화를 걸어 예약을 했다.

승기는 자기 친구이며 고객이기 때문에, 기찬이는 승기에게 싼 가격을 제시했다.

왕복표는 300달러밖에 들지 않았다.

이제, 승기는 비행기표 값을 절약했기 때문에, 새 옷과 새 여행 가방을 살 수 있다. 그의 낡은 가방은 잘 잠기지 않는다.

오늘밤, 그는 여동생, 수미에게 전화할 것이다.

그녀는 공항에 승기를 마중하러 올 것이다.

그녀는 그의 여행 일정, 즉 비행기 편명과 도착 시간을 알아야 할 필요가 있다.

key words lock, flight number, arrival, customer, a good deal
[dea = treatment, bargain]

memo

● 위 주제에 대해 키워드를 활용하며 직접 써봅시다.

09 식당과 식사 (Restaurant and Food)

* 주어진 예문을 참고하여, 우리말을 영어로 옮기세요.

---

1. 점심식사를 할 만한 좋은 곳을 소개해 주세요.

Can you recommend a good place for lunch?

Q: 이 근처에 좋은 한식당이 있습니까?

_____

Note 이 근처에; around here

e.g. ● 분위기 좋은 곳 알아요?
   Do you know one with a nice atmosphere?
   ● 이 근처에 싼 맥주집 [생맥주집]이 있어요?
   Is there an inexpensive beer hall [draft beer house] nearby?
   ● 불고기 [만두] 집에 가고 싶어요.
   I'd like to go to a barbecue meat [dumpling] restaurant.
   ● 그 음식점은 좋은 음식을 적당한 가격에 제공합니다.
   The restaurant serves wonderful food at reasonable prices.

Ans Would you recommend a good Korean restaurant around here?

Is there a good Korean restaurant around here?

2. 저녁식사 [저녁뷔페]를 예약하고 싶습니다.

I want to make a reservation for dinner [your evening buffet].

I'd like to book a table for dinner [your evening buffet].

Q: 오늘 저녁 8시에 10인석 테이블을 예약하고 싶습니다.

_____

 Note 예약하다: reserve, make a reservation, book a table

e.g. ● 저녁 7시에 네 사람 예약하고 싶습니다.
I'd like a reservation for four people at 7:00.

Ans I'd like to reserve a table for ten at 8 p.m. this evening.

3. 모든 테이블이 전부 예약되었습니다.

All the tables are fully reserved [are fully booked up].

Q: 요즘은 성수기라서, 이번 주말에는 예약이 다 되어 있습니다.

_____

 Note 이번 주말: this weekend

e.g. ● 최소 하루 [일주일] 전에 예약해 주시면 좋겠습니다.
It's good to make your reservation at least one day in advance.

Ans This is peak season, so we're fully reserved through this
weekend.

4. 일행은 몇 분입니까?

How large is your party?

How many (persons) are in your party?

How many of you, sir?

How many persons will there be?

Q: (식당) 좌석은 몇 인석으로 해드릴까요?

 Note 일행; party

e.g. ● 3명입니다.
There are three (of us).
There are a total of three.
*There are total three.
● 오후 7시에 5명이 갑니다.
Five persons at 7 p.m.
● 어린이 2명 포함해서 6명입니다.
There will be six including two children.

Ans How many seats do you want to have?

5. 이 자리가 비어 있습니까?

Is this seat taken?

Q: 합석할 수 있겠습니까?

Note 합석하다: share the seat

e.g. ● 지금 자리가 다 찼는데요.
No tables are available now.
● 앉아서 대기해 주세요.
Please wait to be seated.

Ans Would you mind sharing this table?

---

6. 주문하신 요리는 약 15분 정도 걸리겠습니다.

Your food will be ready in 15 minutes.

Q: 웨이터가 주문을 받으며 뷔페는 언제든지 드셔도 됩니다.

 Note 먹다: help oneself to

e.g. ● 식사 후에 웨이터가 계산서를 가져옵니다.
The waiter will bring the check after the meal.
● 여종업원에게 팁을 주세요.
You should leave a tip for the waitress.
● 제가 내겠습니다.
It's on me, please.

Ans The waiter will take your order and you may help yourself to the buffet.

7. 추천 요리는 무엇입니까?

What's your suggestion?

Do you have any suggestions?

Can you recommend something for us?

Q: 이 집 전문이 뭐예요?

 Note 낙지복음; fried octopus. (녹두로 만든) 빈대떡; mung bean cakes

e.g. ● 그 집은 낙지복음 [빈대떡]이 유명해요.
It's famous for small fried octopus [mung bean cakes].
 ● 가벼운 식사 좀 하고 싶은데요. 권할 만한 것 없습니까?
I'd like something not so heavy to eat. Do you have any suggestions?
 ● 식전에 한 잔 마시고 싶은데요. 권할 만한 것 없습니까?
We want to have some drinks before the meal [dinner]. Can you recommend something for us?

Ans What is your specialty?

8. 여기서 드실 겁니까, 가지고 가실 겁니까?

For here or to go?

Q: 남은 요리를 가지고 가고 싶은데요.

Note (사서) 가지고 가는 음식(을 파는 가게), 사 가지고 가는; takeout, takeaway

e.g. ● 그 패스트푸드점은 테이블 서비스뿐만 아니라 포장 서비스도 실시한다.
The fast food restaurant serves takeout as well as table service.

Ans Do you have a doggie bag?

---

9. 그는 오늘 아침을 잘 먹었다.

He had a big breakfast this morning.

Q: 그는 아침식사로 토스트 두 조각을 먹었다.

 Note 아침 [점심]으로; for breakfast [lunch]

e.g. ● 그녀는 아침에 밥과 과일을 먹는다.
She eats rice and fruits for breakfast.
● 셀프서비스 식당에서는 균형 잡힌 식사를 해야 합니다 [골고루 먹어야 합니다].
You should get a balanced meal when you eat in the cafeteria.

Ans He had two pieces of toast for breakfast.

---

10. 그는 금요일에는 스낵 [간이식당]에서 식사한다.

He eats at the snack bar on Fridays.

Q: 그들은 저녁에 외식하기를 좋아한다.

 외식하다; eat out

e.g. ● 그는 월요일에는 사병식당에서 식사를 한다.
He eats in the mess hall on Mondays.

Ans They like to eat dinner out.

They like to eat out for dinner.

---

11. 웨이터 (Waiter): 주문하시겠습니까?

Would you like to order?

손님 (Guest): 동료를 기다리고 있습니다. 두 명 더 올 겁니다.

I'm waiting for my colleagues[friends].

('waiting for'가 'expecting for'보다 자연스러운 표현이다.)

Two of my companions will be joining me.

Q: 주문한 음식 서둘러 주세요.

 서두르다: rush

e.g. ● 기다릴 시간이 없는데 빨리 먹을 점심거리 없습니까?
Do you have quick breakfast because I don't have much time to wait?
● 그러면 뷔페를 드시지요.
In that case, why don't you have our buffet?

Ans Would you rush my order?

12. 디저트를 먹고 싶습니다.

I want something for dessert.

Q: 나중에 해장국을 먹어야겠어요.

_____

 해장국; hangover soup

e.g. ● 그녀는 간식 [가벼운 식사]로 과일과 토스트를 먹는다.
   She eats fruits and toast for a snack.
   ● 그녀는 매끼 샐러드와 고기를 먹는다.
   She eats a salad and fish for every meal.
   ● 일주일 내내 바비큐가 매우 먹고 싶었다.
   I've been hungry for barbecue all week.

Ans I'll have to have hangover soup later.

13. 보리차 [끓인 물] 좀 주세요.

May I have some barley tea [boiled water]?

Q: 이것은 수돗물입니까, 아니면 생수입니까?

_____

 수돗물; tap water, piped water, city water
생수; natural water, spring water

Ans Is this tap water or mineral water?

14. 고기를 어떻게 익혀 드릴까요?

How would you like it?

Q: 바짝 [중간 정도로/설익게] 구워 주세요.

_____

Note 잘 익은 [구운], 충분히 요리된; well-done.
설익은; underdone. 지나치게 구운 [익은]; overdone

e.g. ● 덜 구워진 것 같은데요. 완전히 익혀 달라고 했었는데요.
It looks rare. I ordered well done.
● 샌드위치에서 피클 [양파]를 빼 주세요.
Hold the pickle [the onion] from the sandwich, please.
● 소금 넣지 말고 (준비)해 주세요.
Will you prepare it without salt?

Ans Well-done [Medium/Rare], please.

15. 달걀로 케이크를 만듭니다.

Eggs are used to make a cake.

We make a cake with eggs.

We use eggs in our cakes.

Q: 간장을 만드는 데는 주로 콩이 사용된다.

_____

Note 간장; soybean, soy sauce

e.g. ● 콩은 주로 간장을 만드는 데 사용된다.

Soybeans are chiefly used for making soy sauce.

The main use of soybeans is for making say sauce.

Ans Soy sauce is chiefly made of soybeans.

The main ingredient of say sauce is soybeans.

---

16. 손님 (Guest): 생맥주 한 개 주세요.

One draft beer, please.

I'd like to drink one draft beer, please.

웨이터 (Waiter): 없습니다. 국내산 또는 수입산 병맥만 있습니다.

I'm sorry we don't have it/that. We have only bottled beer,

both domestic and imported.

Q: 와인 한 병과 잔 네 개 주세요.

 Note 물타지 않은; neat

e.g. ● 물에 탄 스카치 두 개 주세요.
Two scotch and waters, please.
● 스카치 두 개하고 물 따로요.
Two scotch neat and two waters.
● 스카치 두 개하고 소다수요.
Two scotch and sodas.
● 얼음 넣은 스카치 두 개요.
Two scotch on the rocks [Two scotch with ice].
● 진토닉 두 개요.
Two gin and tonics.

Ans Please bring us a bottle of wine and four glasses.

A bottle of wine and four glasses.

---

17. 한잔 하시겠습니까?

Would you like (to have) a drink?

Q: 한잔 더 하시겠습니까?

_____

 Note 따르다; pour

e.g. ● 음료수 [파이] 좀 드세요.
　　　Help yourself to a drink [some pie].
　　● 당신의 승진을 축하하며 한잔합시다.
　　　(Let's drink) to your promotion.

Ans Would you like one more drink?

　　Would you like me to pour more drink?

---

18. 안주 좀 주세요.

We'd like some appetizers.

Q: 불갈비 [돼지갈비] 2인분 주세요.

_____

 Note 주세요; I'd like to, I'll have

e.g. ● 맥주 좀 더 주세요.
　　　I'll have more beer, please.

I'd like to drink one more beer.

Ans I'd like beef ribs [pork ribs] for two.

---

19. 냄비 [프라이팬]를 가스레인지에 올려라.

Put a pot [a frying pan] on the gas heater.

Q: 냄비 [프라이팬]를 가스레인지에서 내려라.

Note B에서 A를 내려놓다; take A off B

e.g. ● 종종 컵 밑에 받침접시를 놓는다.
　　Sometimes we put a saucer under a cup.
　　● 음식은 접시에 놓는다.
　　We put our food on plates.
　　● 음료수는 유리잔에 붙는다.
　　We put drinks in glasses.

Ans Take a pot [a frying pan] off the gas heater [burner].

---

20. 몇몇 야채는 국이나 다른 음식에 넣어 요리합니다.

Some vegetables are cooked in soups or different dishes.

Q: 몇몇 야채는 씻어 먹거나, 샐러드에 넣거나, 샌드위치에 놓을 수도 있습니다.

레스토랑 내의 셀프서비스식 샐러드(salad)가 진열된 카운터; salad bar

e.g. ● 사내 매점은 보다 건강한 음식 섭취를 장려하기 위해 샐러드바로 대체될 것이다.
The company snack bar will be replaced by salad bars to pro- mote a healthy diet.

Ans Some vegetables you can just wash and eat, or put into a salad, or put on a sandwich.

You can just wash and eat some vegetables or put them into a salad, or put them on a sandwich.

---

21. 고기가 석쇠 위에서 지글거리고 있다.

The meat is sizzling on the grill.

Q: 갈비는 숯불에서 구워야 제 맛이 나요.

_____

석쇠(에 굽다); grill

e.g. ● 앞뒤로 각각 4~5분 정도 구우세요.
Grill pork for about four or five minutes on each side.
● 석쇠의 아래쪽 중간에는 일회용 호일 [은박지 구이] 팬을 놓으십시오.
Place a disposable foil roasting pan in the bottom center of the grill.
● 국물 [기름]이 옷에 튀지 않도록 조심하세요.
Take care that the soup [grease] doesn't splatter on your clothes.

Ans You have to grill ribs over charcoal to get the real flavor.

* 다음 문장을 영어로 쓰세요.

1. 뜨거운 국은 [국이 뜨거우므로] 불어서 드세요.

_____

Note 불(어대)다; blow

Ans Blow the soup as it is hot.

Blow the hot soup as you eat.

2. 반찬은 젓가락 또는 포크로 집습니다.

_____

Note 집어들다; pick up

Ans Pick up side dishes with your chopsticks or fork.

3. 한국 인삼은 혈액순환과 장기에 좋습니다.

_____

Note 혈액순환; (blood) circulation

Ans Korean Ginseng is good for (blood) circulation and the

organs.

4. 한국 음식은 밥과 국, 그리고 반찬으로 되어 있습니다.

Note 밥; (steamed) rice

Ans Korean meals consists of steamed rice and soup with many side-dishes.

5. 김치 같은 발효식품은 암 예방에 좋습니다.

Note 발효시키다; ferment

Ans Fermented foods like kimchi are good for preventing cancer.

1. 다음 우리말을 영어로 쓰세요.

김치 만드는 법 (How to Make Kimchi)

먼저, 소금물에 배추를 절이세요.

다음에는 배추를 물에 행구세요.

그 다음, 바구니에서 배추의 물을 빼세요.

그 다음, 당근, 고추, 마늘, 파와 같은 야채를 잘게 썰으세요.

그 다음, 여러 가지 양념을 젓갈 [발효된 고기, 멸치젓, 새우젓]과 섞으세요.

마지막으로, 양념과 갖은 야채를 배추 잎 사이나 위에 바르세요.

 soak, chinese cabbage, rinse, chop, salted fish guts, seasoning, vegetable mixture

2. 다음 우리말을 영어로 쓰세요

야채 (Vegetables)

우리는 건강을 유지하기 위해 매일 야채를 먹을 필요가 있다.

사람에 따라 필요한 야채도 다르다.

토마토와 양파는 샐러드에 넣으면 좋다.

이 야채들을 햄버거에 넣는 사람도 있다.

감자는 수프나 샐러드에 넣거나 고기와 함께 먹어도 좋다.

완두콩과 옥수수도 맛이 있다.

key words onion, potato, green bean, corn, put, in, with

● 위 주제에 대해 키워드를 활용하며 직접 써봅시다.

10 숙박 (Accommodation)

* 주어진 예문을 참고하여, 우리말을 영어로 옮기세요.

---

1. 오늘 [이번 주말] 빈방 있습니까?

Do you have any rooms [vacancies] for today [this weekend]?

Q: 20일, 일요일 빈방이 있습니까?

_____

Note (호텔 등의) 빈방 [객실]; vacancy. 구할 [이용할] 수 있는; available

e.g. ● 예약을 하지 않았는데 방 [자리]이 있습니까?
　'We didn't make a reservation, but do you have a room [a table] for us?
　● 약 20명 정도 들어갈 방이 있습니까?
　Do you have a room for about 20 people available?

Ans Do you have any rooms for Sunday, the 20th?

　　　Are any rooms available for Sunday on the 20th?

---

2. 오후에 투숙할 것입니다.

We'll check in in the afternoon.

Q: 8일날 아침에 (호텔을) 퇴실할 것입니다.

_____

Note (호텔에) 투숙하다; check in. (호텔에서) 퇴실하다; check out

e.g. ● 3일 오후에 투숙할 것입니다.
We'll check in in the afternoon of the third.
We'll be there in the afternoon of the third.
● 우리는 8월 3일부터 5일까지 그 호텔에 숙박하고 싶습니다.
We'd like to stay at the hotel from the third to the fifth of August.
- ● 두 사람이 5일 동안 머물 방이 필요합니다.
We need a room for two people for five days.

Ans We'll check out on the eighth in the morning.

---

3. 침대가 두 개 있는 [전망이 좋은] 방을 주세요.

I'd like a room with twin beds [with a good view].

Q: 더 밝은 [전망이 더 좋은] 방으로 주세요.

_____

Note ─이 있는, ─을 가지고 있는; with

e.g. ● 거실이 큰 집을 원합니다.
I want a house with a large living room.
● 더 높은 [낮은] 층에 있는 방으로 주세요.
I'd like a room on a higher [lower] floor.

Ans I'd like a room with more light [with a better view].

---

4. 싱글 아니면 더블로 하시겠습니까?

Would you like a single or a double?

_____

1인용방; single. 2인용방; double room, double(구어체에서는 'room' 생략). 대형침대; king-size bed. (일반 치수보다는 큰) 중대형 침대; queen-size bed. (호텔의) 보조침대, 간이침대; cot

e.g. ● 침대 두 개인 방이나 큰 침대 한 개인 방 중에서 고를 수 있습니다.
You can choose twin beds or a king-size bed.

---

5. 아침식사도 포함되어 있습니까?

Is breakfast included?

Does it include breakfast?

Q: 호텔 손님에게는 무료입니다.

 무료의; complimentary, free

e.g. ● 점심도 포함합니까?
Is it including lunch?
Is lunch included?
● 그 호텔은 아침식사를 공짜로 제공했다.
The hotel gave us a complimentary breakfast.

Ans That's complimentary for the hotel guests.

---

6. 식사시간은 언제입니까?

When is meal time?

Q: 호텔이 아침 뷔페는 언제 제공합니까?

Note 제공하다; serve

e.g. ● 욕실에 더운 물은 언제 나와요?
When is there hot water for a bath?

Ans When does the hotel serve its buffet breakfast?

---

7. 방값 [보증금]은 얼마입니까?

How much is the room [the deposit]?

Q: 뷔페는 1인분에 얼마입니까?

_____

Note 요금, 사용료; rate

e.g. ● 하루 얼마예요?
What's the daily rate?
● 요금은 미터 [날짜]로 냅니까?
Is the rate by meter [by the day]?
● 45달러와 세금 별도입니다.
That'll be $45 a day plus tax [$45 plus tax a day].

Ans How much do you charge for the buffet for one?

---

8. (계산서를 보고) 봉사료는 포함되어 있습니까?

Is it including the service charge?

Q: 세금하고 서비스도 포함되어 있나요?

_____

Note 봉사료; service charge, tip

e.g. ● 팁을 주어야 합니까?
Should I leave a tip?
How much should I tip the waiter?
● 계산서는 10%의 세금과 봉사료가 포함되어 있습니다.
Your check includes each 10% tax and service charge.
● 저희는 팁은 없으며, 10% 봉사료가 계산서에 포함되어 있습니다.
We have a No-Tipping policy [You need not leave a tip] and a
10% service charge is already included in your bill.

Ans Are the tax and service charge included?

---

9. 요금은 어떻게 지불하시겠습니까?

How would you like to pay for the charge?

Q: 신용카드로 지불하겠습니다.

 Note 신용카드; credit card. 현금카드; debit card

e.g. ● 이 신용카드 받습니까?
Do you accept [take] cards?
Can I use a card?
● 원화로 지불할 수 있습니까?
Is it possible to pay in Korean won?

Ans I'll pay with my credit card.

10. 계산은 어디서 할까요?

Where do I pay my bill?

Q: 나가면서 계산대에서 지불하세요.

 Note 하나로; one check. 별도로; separate check

e.g. ● 계산서와 카드를 주시면 처리해 드리겠습니다.
  Give me your bill and card and I will handle the payment.
 ● 계산서를 하나로 할까요, 따로 할까요?
  Would you like one check or separate checks?
 ● 계산은 하나로 하세요.
  One check. Make it one, please.
 ● 계산은 별도로 하세요.
  (Make it) separate checks, please.

Ans Please pay the cashier on your way out.

11. 계산이 잘못된 것 같아요. 다시 한 번 봐주시겠어요?

There seems to be an error in the bill. Could you check it again, please?

Q: 거스름돈이 틀립니다.

 Note 틀린; wrong

e.g. ● 계산이 틀린 것 같아요. 이 요금은 뭐지요?
I don't think the bill is right. What are these charges for?
● 방값은 이미 지불했습니다.
I've already paid for the room.

Ans I got the wrong change.

---

12. 손님 (Guest): 귀중품은 어디에 맡깁니까?

Where can I deposit valuables?

접수계원(Receptionist): 귀중품은 걱정되면 호텔 금고에 맡겨주세요.

Please keep your valuables in the hotel safe if you are worried.

Q: 제 짐을 내일 12시에 찾도록 [12시까지 보관] 해 주시겠어요?

 Note (물표를 받고) 맡기다; check, deposit

e.g. ● 이것을 금고에 맡기고 싶은데요.
I'd like to keep this in your safe.
● 제가 금고에 맡긴 것 좀 주시겠어요?
May I have my things from the safe?

Ans Can I check my baggage until tomorrow at noon?

Please keep my baggage until noon, tomorrow.

* 다음 문장을 영어로 쓰세요.

1. 이 호텔에서 세탁을 해줘요?

Note 세탁서비스; laundry service

Ans Do you have [Is there] laundry service in this hotel?

2. 이불 [요] 하나 더 주세요.

Note 이불 [요]; quilt [mattress]

Ans Please give me another quilt [mattress].

3. 손님: 638번 룸에 전화를 하고 싶은데요.

안내: 먼저 0을 누르면, 교환수가 나옵니다. 그녀가 연결해 줄 겁니다.

Note 638호실; room six three eight.

Ans Guest: I want to make a phone call to room (number) 638.

Receptionist: Please dial 0 first and the operator will answer.

She will connect you to the room.

1. 다음 우리말을 영어로 쓰세요.

모텔에서 (At the Motel)

민수와 수미는 6시 30분에 모텔에 도찰했다. 모텔이 만원이어서 예약을 했던 것이 다행이었다. 방에 도착하자, 여자가 침구를 정리하고 있었다. 그녀는 침대에 하얀 시트를 깔고 있었다. 침대에는 두 개의 부드러운 베개와 담요가 있었다. 그들은 하루가 끝나가서 정말 피곤했다. 수미는 목욕을 하고 쉬고 싶었다. 그녀는 욕탕에 물을 채우고, 탕 속에 20분간 있었다. 그녀는 목욕을 마치자 기분이 훨씬 좋았다. 민수는 가방을 열고 옷장에 옷을 걸었다. 옷장에는 옷걸이가 3개밖에 없어서 옷 전부 다 걸 수는 없었다. 다음 날 아침, 그들은 자명종 없이도 6시 30분에 일어났다. 그들은 옷을 입고, 모텔비를 지불하러 갔다. 그 다음, 식당에 아침식사하러 갔다. 그들은 방금 여행을 마치고 돌아왔다. 여행을 마치자 세탁할 것이 많았다.

key words sheet, pillow, hang up, hangers, closet

2. 다음 광고문을 완전한 문장으로 고쳐쓰세요.

* 다음에 있는 약어표를 이용하세요.

a/c (air conditioning), appl's (appliances), apt (apartment), avail(available), berm, br(bedroom), c/a/h (central air & heat), immed (immediately), incl(include), lg(e) (large), mo(monthly), mod(modern), nr(near), pd(paid), rm(room), schls(schools), yd(yard), 3/2/1 (number of bedrooms, bathrooms, and car space in garage)

e.g.

APT, 2 bdrm, 1 bath, 1 car garage, $450.00 mo. avail. immed.
CALL 555-5050

Ans There's a two-bedroom apartment for rent. It has one bathroom and a one-car garage. The rent is $450.00 a month; it's available immediately. For more information, call 555-5050.

참고 rent : (세입자가) 빌리다, 임차하다. rent out: (주인이) 빌려주다
e.g. ● 방 2개가 있는 아파트를 임대하다
There's a two-bedroom apartment for rent.
The owner is renting out an apartment with two bedrooms.
We are renting an apartment with two bedrooms.

2.1. 다음 광고문을 완전한 문장으로 고쳐쓰세요.

> Efficiency apt, mod, nr mall and bus line, bills pd, c/a/h, CALL 550-5000.

2.2. 다음 광고문을 완전한 문장으로 고쳐쓰세요.

> FURNISHED APT, LG, 2 br, 1 bath, a/c, nr schls & mall, no pets, avail Jul,1 CALL 500-7000

memo

● 위 주제에 대해 키워드를 활용하며 직접 써봅시다.

11 쇼핑 (Shopping)

* 주어진 예문을 참고하여, 우리말을 영어로 옮기세요.

---

1. 그 백화점은 여름 세일을 하고 있다.

The department store is having a summer sale.

Q: 우리는 이 상품들을 싸게 팝니다.

_____

 Note 할인 판매 중; on sale. 싸게; at a (good) bargain, for a bargain. 팔려고 내놓은; for sale

e.g. ● 그 상품은 염가 판매중이었다.
    The goods were for sale at a bargain price.
  ● 나는 이 옷을 아주 싸게 샀다.
    I bought these clothes at a good bargain [for a bargain].
    I got a good deal on these clothes.
  ● 이 가게에서는 부츠를 팝니까?
    Do you have any boots for sale in this store?

Ans These items are on sale.

We sell these items cheap.

We have a good deal on these items.

2. 스포츠 용품점 [골프 용품점]이 있습니까?

Is there a sporting goods [golf goods] shop?

Q: 옷 입는 곳이 어디입니까?

_____

Note 옷 갈아입는 방; dressing room, fitting room

Ans Where's the dressing [fitting] room?

---

3. (이 모양으로) 색상이 다른 것 있습니까?

(Do you have this) in different colors?

Q: 이 모양으로 검정색 있습니까?

_____

Note 이 색상으로 다른 모양은 있습니까?
Do you have another type in this color?
이 스타일로 좀 더 작은 [큰] 것이 있습니까?
Do you have a smaller [larger] one of this style?

Ans Do you have this in black?

4. 다음 사이즈를 입어볼까요?

Can I try on the next size?

Q: 그는 10벌의 양복을 입어본 뒤에, 안 사기로 결정했다.

_____

Note 입어 보다, 써 보다, 신어 보다; try on

e.g. ● 사이즈를 재 주세요.
Would you measure me? [Can you measure me for my size?]
● 이것으로 내게 맞는 사이즈 있습니까?
Do you have this in my size?
● 왼쪽에서 두 번째 것 보여주세요.
(Show me the) second one from the left, please.

Ans He tried on 10 suits by the time he decided not to buy one.

---

5. 이것은 안 맞습니다. 허리가 작습니다.

This doesn't fit well. It's too small in the waist.

Q: 이 청바지는 허리가 너무 큽니다.

_____

Note 크다; loose, big, baggy. 작은; small, tight, snug

e.g. ● 이 스타일로 좀 더 작은 [큰] 것은 없습니까?
Do you have a smaller [larger] one of this style?

Ans These jeans feel too loose [big/baggy] around the waist.

6. 이게 딱 맞습니다 [잘 어울립니다].

This [It] fits well. It fits just right.

Q: 이 운동화가 발에 아주 잘 맞고 모양도 마음에 들어요.

 Note (모양·크기가) 맞다; fit

e.g. ● 이 바지는 약간 긴 것을 제외하고는 맞습니다.
These pants fit well except they're a little long.

Ans These running shoes fit great and I like the style.

7. 모든 물품이 정상 가격에서 20% 할인이다.

Everything is 20% off the regular price.

Q: 약간 하자가 있는 상품은 정상가에서 75% 싸게 팝니다.

 Note 하자 [흠] 있는 물건; (slightly) irregular material, slightly
damaged material

e.g. ● 청바지는 정상가에 판매됩니다.
Jeans are for sale at the regular price.
● 하자가 있는 상품은 물건에 문제가 있습니다.
Irregular material might have something wrong with it.

Ans Slightly irregular material is up to 75% [seventy-five percent]
off the regular price.

8. 깎아 주세요.

Could you lower the price?

Can you come down a little (on this)?

Can you give me a discount (on this item)?

Can you sell it cheaper?

Q: 현금 지불하면 좀 더 깎을 수 있어요?

 Note 현금 할인; cash discount. 정찰제; fixed prices

e.g. ● 정찰제입니다. 할인은 없습니다.
   We have fixed prices. We can't offer any [a] discount.
   We keep fixed prices. There is no more discount.
  ● 가장 낮은 가격은 얼마입니까?
   What's your best price?
  ● 5달러 받겠어요?
   Would you take 5 dollars?
   (미국에서는 사는 사람이 직접 가격을 제시하는 경향이 있다.)
  ● 여러 개 사면 얼마까지 해줄 수 있어요?
   How much would it be if I buy several?
  ● 30달러면 사겠습니다.
   Let's settle it at 30 dollars. To thirty dollars?

Ans If I pay in cash, would you give me a better deal?

Do you have a cash discount?

9. 손님, 현금으로 지불하겠어요, 아니면 카드로 지불하겠어요?

Cash or credit?

Will that be cash or charge, sir?

Will you pay with cash or card?

Q: 이거 카드로 살 수 있어요?

_____

 Note (카드를) 사용하다; use

e.g. ● 우리는 카드를 받지 않습니다. 현금 지불하세요.
We don't take [accept] any card. You have to pay with cash. [Cash only.]

Ans Can I use my (credit) card?

Do you accept [take] cards?

Can I pay this by [with] card?

Can I charge this (to my card)?

Can I buy this on credit?

(대체로 위의 나열된 순서대로 흔히 사용된다.)

---

10. 스커트가 찢어져서 환불받고 싶은데요.

I'd like a refund for [on] this skirt because it's ripped.

Q: 이 셔츠를 환불받고 싶습니다.

_____

Note (환불시) 계좌에 입금시켜주다; credit one's account

e.g. ● (점원) 영수증 주세요.
Give me the receipt [sales slip].
● 환불할까요? 교환하겠습니까?
Do you want to exchange it or (do you want) a refund?
● (상점에서는) 고객의 돈을 환불하거나 계좌이체해 줄 수 있습니다.
You can refund the customer's money or credit his account.
● 계좌에 입금하겠습니다.
I'll credit your account.

Ans May I have a refund on this shirt, please?

---

11. 모직이니까 그늘에서 말려 주세요.

Since it's wool, please dry it in the shade.

Q: 그것은 양모로 만들어졌으므로 햇볕에 말리지 마세요. 쪼그라
들어요.

_____

Note 만들어지다: be made of

e.g. ● 이 가방은 비닐제품 [인조가죽]으로 매우 튼튼해요.
As this bag is made of vinyl [artificial leather], it's very strong.
● 이 천은 75% 면이고, 25% 양모다.
This is made of 75% cotton and 25% wool.
● 이 셔츠는 순면제품이다.
This shirt is made of pure cotton.

Ans Since it's wool, please don't dry it under the sun.

It will shrink under the sun.

* 다음 문장을 영어로 쓰세요.

1. 콩나물 천 원어치 주세요.

_____

Note 콩나물; bean sprout

Ans I'd like 1,000 won worth of bean sprouts.

*I'd like 1,000 won's bean sprouts.

2. 사과는 5개에 만 원입니다.

_____

Note (가격) 얼마에; for

Ans The apples are 5 for 10,000 won.

You can get 5 for 10,000 won.

3. 선물용으로 포장해 주세요.

_____

Note 포장하다; wrap

Ans Wrap it as a gift, please.

4. 순희는 그녀가 오랫동안 가지고 싶었던 비싼 새 차를 샀다.

 Note 비싼 새 차; new, expensive car

Ans Sunhi bought that new, expensive [new and expensive] car that she'd wanted for a long time.

5. 영수증을 보관하고 있으면, 구입일로부터 30일 이내에 언제든지 반품이 가능합니다.

 Note 반품하다; return, get a refund

Ans If you have the receipt, you can return it [you can get a refund] anytime within thirty days (of the purchase).

1. 다음 우리말을 영어로 쓰세요.

민수가 쇼핑을 했다 (Minsu Went Shopping)

점원: 도와 드릴까요?

민수: 청바지와 양복에 맞는 셔츠를 찾는데요.

점원: 크기는요?

민수: 중간.

점원: 이것 어때요? 입어보고 싶으면, 드레싱룸이 저쪽에 있습니다.

민수: (입어본 다음에) 이 청바지 입고 앉을 수가 없어요. 엉덩이 주위가 좀
　　　쪼여요.

점원: 이거 입어 보세요. 그건 좀 커요. 아마 더 잘 맞을 겁니다.

점원: (민수가 입어 본 다음에) 어때요?

민수: 훨씬 좋아요, 그런데 좀 길어요.

점원: 그건 신경쓰지 마세요. 몇 번 빨고 나면 길이가 맞을 겁니다.
　　　셔츠는 어때요?

민수: 아, 괜찮아요.

 key words suit, a pair of blue jeans, go with, fit

2. 다음 우리말을 영어로 쓰세요.

할인판매 (Sales)

상점에서 할인할 때 쇼핑하면 경제적이다. 싸게 사고, 더 많이 살 수 있다. 대부분의 상점은 주말에 세일을 가장 크게 한다. 그들은 자신의 상점에서 쇼핑하게 하려고 신문광고와 TV 광고에 많은 돈을 쓴다. 때로 물건을 50% 정도 할인한다. 쇼핑은 즐겁지만, 세일 동안은 더 즐겁다. 수미는 내일 쉰다. 그녀는 바지 한 벌과 블라우스를 한국백화점에서 구입할 것이다. 가격을 30% 할인하고 있다.

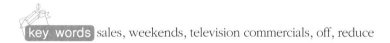 sales, weekends, television commercials, off, reduce

3. 다음 대화를 영어로 쓰세요.

점원: 도와드릴까요?

고객: 예, 이 셔츠 반환하고 싶은데요. 너무 커요.

점원: 좋아요. 교환해 드릴까요? 환불해 드릴까요?

고객: 교환하고 싶습니다.

점원: 영수증 [매상전표]을 가지고 있습니까?

고객: 예, 여기에 있습니다.

점원: 좋습니다. 계좌에 입금해 놓겠습니다. 다른 셔츠를 고르세요.

12 금전과 경제 (Money and Economy)

* 주어진 예문을 참고하여, 우리말을 영어로 옮기세요.

---

1. 손님(Guest): 오늘 환율은 얼마입니까?

What's the exchange rate today?

What's the rate of exchange?

Q: 점원(Clerk): 1달러에 1,230원입니다.

Note 환율; exchange rate, rate of exchange

e.g. ● 환전소가 어디입니까?
Where's the money exchanger [exchange house]?
Where can I change money now?

Ans It's 1,230 won to one U.S. dollar today.

---

2. 이 돈을 어떻게 바꿀까요?

How would you like [change] it?

Q: 이 돈을 20달러 5장으로 바꾸어 주세요.

Note 바꾸다: change [break] A into B

e.g. ● 이 달러를 원 [한국돈]으로 바꿔 주세요.
    Please change these dollars into won [Korean currency].
● 100달러짜리 여행자 수표가 필요합니다.
    I need 100 dollars in traveler's checks.
● 이 돈을 파운드로 바꾸세요. 잔돈과 함께
    (Change it) Into pounds. With some change, please.
● 큰 [작은] 돈으로 주세요.
    I'd like the money in large [small] bills.

Ans Would you break [change] this into five twenties?

---

3. 이것을 보내는 가장 값싼 방법은 무엇입니까?

What's the cheapest way to send this?

Q: 이것을 보내는 가장 빠른 [안전한] 방법은 무엇입니까?

_____

 Note 위의 질문에는 주로 다음과 같이 간단하게 대답한다.
    항공편입니다; By airmail
    육상 [또는 해상]입니다; By surface mail
    속달입니다; By express (mail)
    등기우편입니다; By registered mail [post]

Ans What's the fastest [safest] way to send this?

4. 이 편지를 등기우편으로 [빠른우편으로, 보통우편으로] 보내주세요.

I'd like to have this letter registered.

Please send it registered.

Q: 한국에 선편 [항공편, 소포, 택배]으로 보내주세요.

_____

Note 소포; package, parcel. 구어에서는 일반적으로 'by' 이하만
말한다.

e.g. ● 이 소포를 등기우편으로 [속달로, 보통우편으로] 보내주세요.
Send this package by registered mail [express (mail), regular mail].

● 등기로 [빠른 우편으로 (속달로), 보통우편으로] 해주세요.
By registered mail [express mail, regular mail].

Ans (I'd like to send this package) By sea mail [airmail, parcel post, home delivery service] to Korea, please.

---

5. 우편요금은 얼마입니까?

How much is the postage?

Q: 한국으로 편지보내는 데 얼마입니까?

_____

Note 우편요금; postage

e.g. ● 한국으로 보내는 등기우편 [속달우편]은 얼마입니까?
How much is a registered letter [special delivery letter] to Korea?

Ans How much does it cost to send a letter to Korea?

---

6. 계좌를 개설하고 싶습니다.

I want open an account.

Q: 가족용 계좌를 개설하고 싶습니다.

Note 계좌를 개설 [폐쇄]하다: open [close] an account

e.g. ● 은행구좌를 개설하려면 신분증과 사인 또는 도장이 필요합니다.
　　　When you open a bank account, we need your identification
　　　card and your signature or seal.
　　● 신분 확인을 위해 여권이나 운전면허증을 사용할 수 있습니다.
　　　You can use your driver's license or passport for identification.

Ans I want open an account for my family.

---

7. 매일 사는 물건 값은 당좌계좌에 있는 돈을 사용할 수 있습니다.

You can use the money in the checking account (to pay) for
the things you buy every day.

Q: 매우 중요하거나 비싼 것은 저축계좌의 돈을 사용할 수 있습
　　니다.

Note 즉시 입출금이 가능한 당좌계좌는 수표와 함께 제공되니 유의

할 것. 수표책은 미리 사인하지 말 것.

e.g. ● 당좌예금 계좌로는 수표책을 받고, 물건 값을 즉시 지불할 수 있습니다.
With a checking account, you have a checkbook and can pay for things right away.
● 당좌계좌에는 수표책을 줄 것입니다.
We will give you a checkbook for the checking account.
● 저축계좌는 오랫동안 돈을 예금하기 위한 것입니다.
A saving account is for saving your money for a long time.

Ans You can use the money in the savings account for something very important or (something) very expensive.

---

8. 신용카드로는 물건을 먼저 사고 대금은 나중에 지불합니다.

With a credit card, you can buy things first and pay for them later.

Q: 직불카드로는 당신의 은행계좌에서 물건 값을 즉시 지불할 수 있습니다.

 Note 사용 가능한; available

e.g. ● 온라인이나 전화상에서 직불카드도 사용할 수 있습니다.
It is available online or over the phone using a debit card.

Ans With a debit card, you can pay for things immediately from your bank account.

9. 즉시 입금을 하시겠습니까?

Do you want to make a deposit immediately?

Q: 당좌계좌에 500달러, 저축계좌에 500달러를 입급하고 싶습니다.

___

Note 입금하다; make a deposit, deposit

e.g. ● 여기 입금표와 1,000달러가 있습니다.
　　　 Here's the deposit slip with $1,000.

Ans I want to put [deposit] $500 in checking and $500 in savings.
I want to make a deposit of $500 in the checking account and $500 in a savings account.

___

10. 카드를 언제 받습니까?

When will I get my cards?

Q: 은행에서 신용카드와 직불카드를 개인 비밀번호와 함께 우송할 것입니다.

___

Note 개인비밀번호; PIN (number), Personal Identification Number
외국 대학의 컴퓨터 사용시에 pin number(ID number)를 설정하니 유의할 것.

e.g. ● 개인 비밀번호를 외우고 안전한 곳에 서류를 보관하세요.
　　　 Memorize your PIN and hide the paper in a safe place.

Ans The bank will mail the credit card and debit card with PIN numbers.

---

11. 나중에 입출금은 어떻게 합니까?

How do [can] I deposit or withdraw money later?

Q: 신용카드로 돈을 입금 [인출]할 수 있습니다.

 Note 입금표; deposit slip. 출금표; withdrawl slip

e.g. ● 입금표나 출금표를 기록하여 출납계로 가져오세요.
You can fill out a deposit or withdrawal slip and bring it to the teller.

● 물론 시내의 금전출납기에서 돈도 찾을 수 있습니다.
You can also take [withdraw] money out of ATM machines downtown.

● 수표 뒷면에 사인을 하고 운전면허증 보여주세요.
Sign it [the check] on the back and show me your driver's license.

Ans You can deposit [withdraw] money with your credit card.

---

12. 돈을 다른 구좌로 자동이체하고 싶습니다.

I'd like to have money automatically transferred to another account.

Q: 돈이 자동으로 인출되므로, 때때로 통장을 정리해서 잔고 확인을 해야 합니다.

Note 인출하다: withdraw, draw out, check out, take out

Ans The money is withdrawn [taken out] automatically, so you should update [check] your bankbooks.

---

13. 그는 이런 긴급 상황을 위해 약간의 돈을 마련해 놓았다.

He had some money set aside for emergencies like this.

He has set aside some money for emergencies like this.

Q: 나는 아들의 대학 등록금으로 약간의 돈을 마련해 놓았다.

Note (돈·비상금 등을) 확보하다, 챙겨두다; save, set aside

e.g. ● 나는 비상시를 대비해 돈을 좀 남겨 두었다.
I set aside a little money in case of an emergency.

Ans I've set aside some money for my son's college tuition.

---

14. 은행에서 대부받으려면 한 은행과 꾸준히 거래하는 것이 좋습니다.

If you'd like to get a loan from the bank, it's good to deal consistently with one bank.

Q: 이자율이 높으므로 대부금은 빨리 갚는 것이 좋습니다.

 이자율; interest rate

Ans The interest rate is very high, so you'd better pay back your loan quickly.

---

15. 카드를 분실하면 되도록 빨리 은행에 분실신고를 하세요.

When you lose your card, you'd better hurry and report the card missing.

Q: 카드가 인출기에 끼이면, 정비회사에 전화를 거세요.

 현금 자동 입출금기; ATM(automated teller machine), cash dispenser

e.g. ● 현금인출기에서 돈을 찾으려면, 카드를 인출기에 넣고 [긋고] 비밀번호를 누르세요.
When you withdraw [take out] money from an ATM, put your card into [swipe your card the machine] and enter your PIN [password].

Ans If your card is stuck in the ATM, call the maintenance company.

B. 단문 연습 (Sentence Practice)

* 다음 문장을 영어로 쓰세요.

1. 나는 매달 적금을 들고 나머지는 저축을 합니다.

_____

Note 적금; installments, installment savings

Ans I save up [deposit] my salary by [in] monthly installments and put the rest in a savings account.

2. 경기불황 때문에 실업이 해마다 증가하고 있다.

_____

Note 실업; Unemployment

Ans Unemployment is increasing every year on account of the depression.

3. 결혼하면 재테크에도 관심을 가져야 합니다.

_____

Note 재테크; reinvestments

Ans When you're married, you have to concern yourself with reinvestments.

1. 다음 우리말을 영어로 쓰세요.

신용카드 문제 (Problems with Credit Cards)

신용카드는 발급받고 사용하기는 쉽지만, 여러 가지 문제를 야기할 수 있다.

어떤 사람들은 카드가 너무 많고, 너무 많이 사용한다.

그들은 거의 모든 것을 카드로 산다.

은행뿐 아니라 백화점도 자신들의 카드가 있다.

사람들은 카드를 상점, 자동차 수리소, 공항, 그 외 많은 장소에서 사용한다.

어떤 사람들은 카드를 너무 많이 써서, 월말에 계산서가 오면 청산할 수 없다.

신용카드는 사용하기 쉽지만, 그 대금은 나중에 갚아야 한다.

key words credit card, charge [pay by cards], bill, debt

2. 다음 대화 속의 우리말을 영어로 바꾸세요.

수표 바꾸기 (Cashing a Check)

Minsu: Hello. (1) 오늘 이 수표를 현금으로 받을 수 있습니까?

Teller: Sure. Just sign it on the back and show me your driver's license.

Minsu: Here you are.

Teller: Thank you. (2) 현금을 어떻게 바꿔드릴까요?

Minsu: (3) 20달러짜리 5장 주세요.

Teller: Here you are. Is there anything else I can do for you?

MInsu: Yes, I'm moving next week. (4) 은행계좌를 어떻게 폐쇄합니까?

Teller: When you want to close your account, bring the bank card and fill out two withdrawal slips. They're right here.

13 건강과 질병 (Health and Disease)

* 주어진 예문을 참고하여, 우리말을 영어로 옮기세요.

---

1. 음식은 인간에게 필수적이다.

Food is indispensable to man.

Q: 적당한 운동은 건강에 불가결한 것이다.

_____

 Note 필수적인; essential, indispensible, necessary

e.g. ● 수면은 건강에 필수적이다.
Sleep [To sleep] is indispensable to health.
● 건강은 누구에게나 필요한 것이다.
Health is indispensable to all.

Ans Moderate exercise is essential to health.

---

2. 아버지가 점점 건강을 회복하고 있다.

My father is getting better and better.

Q: 그가 회복될 때까지는 시간이 걸릴 것이다.

_____

Note 회복하다: get well [better], recover

e.g. ● 의사가 그는 치료받은 뒤 곧 나을 거라고 합니다.
　　　The doctor says he'll get well [recover] soon after the treatment.

Ans It will take some time before he gets well.

---

3. 어디가 아프세요?

What's the matter [wrong] with you?

Q: 제가 무슨 병에 걸렸어요?

_____

 Note 아프다; hurt, ache

e.g. ● 여기 누르면 아파요?
　　　Does it hurt when I press here?
　　● 여기가 아픕니다.
　　　I have a pain here.

Ans (Do you know) what's wrong with me?

---

4. 언제부터 아프셨습니까?

When did your pain start?

When did it start hurting

Q: 어젯밤부터 설사와 열이 있습니다.

_____

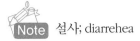
Note 설사; diarrehea

e.g. ● 전에도 이런 증상이 있었나요?
Have you ever had this before?
● 숨이 차지 않나요?
Are you having shortness of breath?

Ans I have had diarrehea and a fever since last night.

---

5. (소주를 많이 마셔) 토할 것 같다.

I'm going to throw up (after drinking a lot of Soju).

I'm going to vomit.

I'm going to be sick.

(미래시제로 토할 것 같다는 의미. 'I am sick'과는 다름)

I feel sick.

I feel nauseous.

*I'm going to overeat. (우리말식 표현으로 틀림)

Q: 구역질이 나요?

Note 과식하다; overeat. 구역질나는; nauseous. 구역질나다; nauseate

e.g. ● 그 음식이 너무 맛있어서 나는 과식했다.
The food was so delicious I overindulged myself.
The food was so delicious I overate.
● 그녀는 배에서 어지럽고 속이 메스꺼웠다.
She felt dizzy and nauseous aboard the ship.
● 사람의 음식 냄새는 말에게는 역겨울 수 있습니다.
The smell of food for humans can nauseate the horses.

---

6. 발목 [가슴 / 관절]이 아파요.

My ankle [chest/joint] hurts.

Q: 잇몸이 아파요.

Note 발목; ankle. 가슴; chest. 관절; joint. 아프다; hurt, feel painful.

e.g. ● 충치가 있어요.
I have a cavity.
● 변비가 있습니다.
I am constipated.
● 기침이 나옵니다.
I have a cough.
● 그는 다리와 발이 아프다고 불평을 하였습니다.
He complained that his legs and feet ached [hurt].
He complained about (having) sore legs and feet.

Ans My gums hurt.

---

7. 지나친 음주는 건강에 심각한 해를 끼칠 수 있습니다.

Excessive drinking can cause serious damage to health.

Q: 그런 무더위는 열, 몸살(근육통), 혼수, 그리고 심지어 죽음에까지 이르게 할 수 있다.

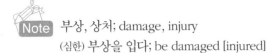

Note 부상, 상처; damage, injury

(심한) 부상을 입다; be damaged [injured]

e.g. ● 이런 더운 날씨와 스트레스는 심장병을 일으킬 수 있습니다.

Such hot weather and stress can cause heart problems.

Ans Such sultry weather can cause fever, body aches, coma, and even death.

---

8. 그녀는 열이 있다.

She has a fever.

She is running [has] a temperature.

Q: 그녀는 등에 통증이 있다.

Note 열이 나다: have a fever, run a temperature

e.g. ● 그는 콧물이 흐르고, 가슴에 통증이 있었다.

With his runny nose, he had a bad pain in his chest.

● 기침과 열과 위장이 안 좋으면, 유행성감기에 걸렸을 수 있다.

If you have a cough, a fever, and an upset stomach, you might have a flu.

Ans She has a pain in her back.

Her back is painful.

9. 그는 오랫동안 누워 있었다.

He lied down [stayed in bed] for a long time.

Q: 그는 일어설 때마다 어지러워서 누워서 충분히 휴식을 취해야 했다.

_____

 Note 눕다; lie down, stay in bed

e.g. ● 그녀는 밤새 아파서 한동안 침대에 누워 있어야 했다.
She became ill during the night, and had to stay in bed for some time.

Ans He had to lie down and rest a lot because he felt dizzy every time he stood up.

10. 그녀는 식사량을 줄이기로 결심했다.

She decided to cut down on her eating.

Q: 음식을 줄이거나 규칙적으로 운동을 하는 행위를 하면 체중 감량이 가능하다.

_____

 Note 줄이다; cut down. 끊다; cut off

e.g. ● 의사가 빵과 감자를 줄이고 단 것은 완전히 끊으라고 말했다.
The doctor told me to cut down on bread and potatoes and to cut out sweets completely.

- 운동을 하고 디저트와 빵을 먹지 않으면 식이요법을 엄격히 할 필요 없다.
  A complete diet is unnecessary when you exercise and cut out desserts and bread.

Ans Some activities like cutting down on food and exercising regularly can make losing weight possible.

---

11. 동물 가까이에 가면 그는 재채기를 하거나 콧물이 흐른다.

He sneezes or has a runny nose when he is near animals.

Q: 매년 봄에 나무에 꽃이 피면 많은 사람들이 기침과 재채기를 한다.

_____

 Note 꽃이 (활짝) 핀; in (full) bloom. 꽃이 피다; blossom (out)

e.g. ● 고양이나 개 근처에 갈 때 재채기를 하면 알레르기가 있을 수 있다.
  You might have an allergy if you sneeze when you are around cats or dogs.
  ● 개털, 세제, 우유는 알레르기를 일으킬 수 있다.
  Dog hair, detergent and cow's milk can cause an allergic reaction.

Ans Many people begin to cough and sneeze every spring when trees are in bloom [when trees blossom].

12. 약을 사는 데 처방전이 필요해요?

Is a prescription needed for the medicine?

Q: 이 처방대로 조제해 주시겠어요?

_____

 Note 조제하다; fill [make up] a prescription

e.g. ● 의사가 내게 항생제 처방전을 써 주었다.
The doctor gave me a prescription for antibiotics.
● 의사는 진통제 처방을 써 주었어요.
The doctor wrote out a prescription for pain medication.

Ans Can you fill this prescription (for me now)?

13. 의사를 불러 주세요.

Would you send for a doctor?

Q: 진단서를 써 주세요.

_____

 Note 진단; diagnosis. 진단서; medical certificate

e.g. ● 조기진단은 성공적인 치료에 매우 중요하다.
Early diagnosis is critical for successful treatment.
● 병원에 오면 서명하고, 나갈 때도 서명하세요.
Sign in when you get to the clinic and sign out before you leave.

Ans Would you give me a medical certificate?

Can I get [have] a medical certificate?

---

14. 감기약 좀 주세요.

Please give me medication [medicine] for a cold.

Q: 불면증 [벌레 물린 데, 체했을 때]에 좋은 약을 주세요.

 Note 약; medication, medicine. (일반적)멀미: nausea [nɔziə]. 설사; diarrehea. 변비; constipation

e.g. ● 멀미 [뱃멀미/비행기멀미/차멀미] 약 있습니까?
Do you have medicine/something for motion sickness [seasickness/airsickness/carsickenss]?

Ans Please give me something good for insomnia [an insect bite/ an upset stomach].

---

15. 손님(Customer): 하루에 몇 번 먹을까요?

How often should I take this medicine?

약사(Pharmacist): 하루 세 번 식후에 드세요.

Take it three times a day after meals.

Q: 두 알씩 하루에 세 번 [네 시간]마다 드세요.

Note 네 시간마다; every four hours, *every fourth hour(사용하지 않음)

e.g. ● 매 식후 [전]에 먹으세요.
Take them after [before] every meal.
● 하루 한 번 아침 식후에 드세요.
Take it once a day after breakfast.

Ans Take two tablets three times a day [every four hours].

---

16. 어디서 지압 [침치료]을 받을 수 있나요?

Where can I get acupressure [acupuncture]?

Q: 좀 더 세게 해 주세요.

 Note (손·발 등으로) 누르다 [힘을 가하다], 바르다; apply

e.g. ● 크림을 얼굴과 목에 조금씩 바르세요.
Apply the cream sparingly to your face and neck.
● 지압이 너무 아파요.
You are pressing too hard.
● 좀 부드럽게 해 주세요.
Can you do it more gently?

Ans Please apply more pressure.

17. 나는 내일 신체검사를 받는다.

I have a physical (examination) tomorrow.

Q: 나는 종합신체검사를 받을 필요가 있다.

_____

 Note 신체검사, 검진; physical (examination), (medical) checkup

체력검사; examination of physical strength

e.g. ● 나는 약 한 달 전에 연례 신검을 받았다.
I had my annual checkup about a month ago.
● 신체검사 날짜를 정하고 싶습니다.
I'd like to [need to] make an appointment for a checkup.
● 나는 어제 건강 진단을 받았다.
I got a physical checkup yesterday.

Ans I need to have a complete physical (examination).

B. 단문 연습 (Sentence Practice)

* 다음 문장을 영어로 쓰세요.

1. 축구하다 손가락이 부러졌다.

_____

Note 부러지다; broken. 통증이 나다; bruise. 탈골이 되다; sprain

Ans I broke my finger while playing soccer.

*My finger was broken while playing soccer. (사용하지 않음)

2. 그는 약을 사러 약국에 갔다.

_____

Note 약국; pharmacy. 'Drugstore'는 약과 식품을 전부 다 취급함.

Ans He went to the pharmacy to get some medicine/medication.

3. 주사 맞나요, 아니면 약을 먹나요?

_____

Note 주사; injection. 약을 먹다; take the pill(s)

Ans Is it by injection or oral?

Will you give me a shot or pills?

4. 해산 예정일이 언제요?

Note 예정인: due

Ans When are you due?

When are you expecting?

When is your baby due?

5. 여행자가 겪는 설사는 며칠 안에 치유됩니다.

Note 설사; diarrhea. 사라지다; clear up, go away

Ans Traveller's diarrhea usually clears up [goes away] in a very few days.

6. 사과에는 농약이 많으므로 껍질을 벗겨 먹어야 한다.

Note 농약; (agricultural) chemicals, insecticide

Ans You need to peel the apple because there are a lot of chemicals on it.

You need to get rid of the skin of the apple because there are a lot of chemicals on it.

*You need to get rid of the apple's skin because there are a lot of chemicals on it. (사물의 소유격은 불가)

7. 신병들은 입대 전에 신체검사를 받아야 합니다.

 Note 군 [해군]에 입대하다; joining [enlisting in] the military [the Navy]

Ans The recruits must have a physical examination before they **join** [enlist in] the military.

The recruits must have a physical examination **prior to** **joining** [enlisting in] the military.

8. 나는 건강을 유지하기 위해, 점심 후에 낮잠을 자고, 매일 수영을 20바퀴 하고, 역기를 든다.

 Note 역기를 들다; lift weights. 'Do weight training'은 사용하지 않음.

Ans I take a nap after lunch, swim twenty laps every day, and lift weights to keep fit.

1. 다음 우리말을 영어로 쓰세요.

감기 (A Bad Cold)

민수가 지난 주 독감에 걸렸다.

내가 그와 이야기할 때, 그는 재채기를 하고 있었다.

그는 기침도 했고 콧물도 났다. 콧물에다 가슴에 심한 통증이 있었다.

기침으로 가슴의 통증이 더 심했다.

간호원이 그의 온도를 재어 보니, 열이 있었다.

그는 아마 직장에 있는 누군가로부터 감기가 옮았거나, 빗 속에 사무실에서 집으로 걸어오는 도중에 걸렸다.

재채기와 기침과 다른 증상이 좋지 않았다.

민수는 어제 정말 상태가 안 좋았다.

key words chest, run [have] a temperature [have a fever], take one's temperature, cough, sneeze, runny nose, run, have an awful cold [have the flu], backache

2. 다음 우리말 대화를 영어로 쓰세요.

예약 (To Make an Appointment)

직원: 한국병원입니다. 무엇을 도와 드릴까요?

환자: 예. 박수미입니다. 건강진단하고 싶은데요.

직원: 우리 병원에 처음 오십니까?

환자: 예, 그럴 겁니다.

직원: 어떤 문제입니까?

환자: 아뇨. 단지 연례신체검사 할 때입니다.

직원: 가장 빠른 예약일은 2월 18일 9시입니다.

환자: 미안합니다. 그날은 안 되겠는데요.

직원: 2월 20일 10시는 어떻습니까?

환자: 그거 좋습니다. 고맙습니다.

직원: 예약일 아침에는 아무것도 먹지 말고, 물만 마시세요.

 key words appointment, checkup, physical (exam), symptom, make it

3. 다음 우리말과 요약을 영어로 쓰세요.

독감 (The Flu)

많은 사람들은 겨울에 독감이 걸린다. 어떤 사람들은 며칠 안 좋고, 또 어

떤 사람들은 훨씬 오랫동안 아프다. 독감의 증상은 고열, 두통, 요통, 콧물, 때로는 심한 기침이다. 통증과 열은 약을 복용하고, 과일 주스를 충분히 마셔야 한다. 감기가 걸리면 집에서 푹 쉬어야 한다.

 감기는 며칠 동안 지속되며, 다양한 증상을 일으킨다. 감기에 걸리면 약, 과일 주스, 휴식이 도움이 된다.

● 위 주제에 대해 키워드를 활용하며 직접 써봅시다.

14 연극과 스포츠 (Theater and Sports)

* 주어진 예문을 참고하여, 우리말을 영어로 옮기세요.

---

1. 나는 일주일에 세 번 운동을 한다.

I work out [have workouts/exercise] three times a week.

Q: 내 아내와 나는 매일 체육관에서 운동한다.

_____

Note 운동(하다); exercise, work out, (have) workouts

e.g. ● 나는 늦게 일어나서 운동을 걸렀다.
   I skipped my exercises because I got up late.

Ans My wife and I exercise [work out] every day at the gym.

---

2. 그녀는 운동을 하면서 음악을 듣는다.

She listens to music while she exercises [is working out].

Q: 나는 운동하기 전에 준비운동을 한다.

_____

Note 준비운동하다, 데우다, 예열하(되)다: warm up

e.g. ● 우유 데워줄래요?
  Will you warm up the milk for me?
  ● 차를 몰기 전에 엔진을 예열하시오.
  Let the engine warm up before you drive off.

Ans Before I exercise [work out], I always warm up.

---

3. 운동은 우리를 튼튼하고 건강하게 한다.

Exercise makes us strong and healthy.

Q: 운동을 3일 이상 하지 않으면, 신체가 나빠진다.

_____

 Note 신체가 나빠진, 몸이 약한: out of shape

e.g. ● 나는 대개 체육관에서 팔굽혀펴기와 윗몸일으키기를 한다.
  I usually do push-ups and sit-ups in [at] the gym.

Ans Try not to have more than three days between workouts, or you will be out of shape.

If you don't work out for more than three days, you will be out of shape.

---

4. 그 새 아이디어를 시험해 볼 필요가 있다.

We need to try out the new idea.

Q: 우리는 웨이트실에 있는 새 웨이트 장비를 시험해 보았다.

_____

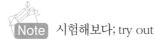
Note 시험해보다; try out

e.g. ● 그 체육관은 새 수영장과 웨이트실에 새 장비가 있다.
The gym has a new swimming pool and good equipment in the weight room.

Ans We tried out the new weight lifting equipment in the weight room.

---

5. 우리 농구하자.

Let's play basketball.

Q: 방과 후에 우리 숨바꼭질하자.

_____

Note 운동에는 관사가 붙지 않는다.

Ans Let's play hide-and-seek after school.

---

6. 스페인 축구팀이 한국 축구팀을 이겼다.

The Spanish soccer team beat [won against] the Koran soccer team .

The Spanish soccer team defeated the Korean soccer team.

Q: 스페인 축구팀이 한국 축구팀을 3골 차로 이겼다.

_____

Note 이기다; defeat, win against. 상대방과의 게임은 'win against'
를 사용하고, 단순히 '게임을 이기다'는 'win'을 사용한다.

e.g. ● 스페인 축구팀이 한국 축구팀을 4대 1로 이겼다.
The Spanish soccer team won against the Korean soccer team
by 4 to 1.
The score between the Korean Soccer Team and the Spanish
Soccer Team was 4 to 1.
● 우리가 그 시합 [경기]에 틀림없이 이길 것이다.
I am sure that we will win the game [race].
● 스페인 축구팀과 한국 축구팀이 비겼다.
The Korean Soccer Team and the Spanish Soccer Team tied
[drew] 3 to 3.

Ans The Spanish soccer team beat [won against] the Korean

soccer team by 3 goals.

The Korean soccer team was beaten by the Spanish soccer

team by 3 goals.

---

7. 주말에 나는 외출보다 집에 있기를 더 좋아한다.

On the weekends I prefer staying in my room to going out.

On the weekends I like to stay in my room better than to go

out.

Q: 나는 운동을 구경하기보다 하는 것을 좋아한다.

_____

Note 'Rather than' 앞뒤에 같은 형태를 사용할 것.

e.g. ● 사람들은 어려울 때 직장보다 가정을 신경쓰기 마련이다.

People usually care about their family rather than their job in
times of trouble.

Ans I prefer playing a sport rather than watching a sport.

I like to play [playing] a sport rather than to watch [watching] it.

---

8. 어떤 종류의 오락을 봅니까?

What kind of entertainment do you have time **for**?

What kind of entertainment do you spend your time **on**?

Q: 나는 매주 일요일 밤 10시에 개그 콘서트를 봅니다.

 Note ─에 시간을 보내다; have time for, spend time on

e.g. ● 광고 때문에 TV를 좋아하지 않습니다.

I don't like TV because of the commercials.
● 나는 TV를 재미로 봅니다.

I watch TV because I enjoy it.
● 나는 TV에서 스포츠 보기를 좋아합니다.

I like to watch sports on television.

Ans I watch the comedy, Gag Concert, every Sunday night at
10:00.

I spend time watching the comedy, Gag Concert, every
Sunday night at 10:00.

9. A: 오늘 표가 아직 있습니까?

Are today's tickets still available?

B: 미안합니다. 다 팔렸습니다.

Sorry, we're sold out.

Q: 다음 공연표가 남아 있어요?

_____

 구할 [이용할] 수 있는; available

e.g. ● 그 정보를 언제 구할 [이용할] 수 있을까요?
When will the information be made available?
● 오늘 밤 공연표가 남아 있어요?
Do you have any tickets [seats] left for tonight?
● 낮 공연입니까, 저녁 공연입니까?
Is that for the matinée or the evening performance?

Ans Do you have any tickets [seats] left for the next show?

Are there any tickets [seats] available for the next show?

---

10. 더 앞자리 없어요?

Do you have seats a little more forward?

Q: 더 뒷자리 없어요?

_____

 앞쪽은 'forward'를 사용하지만 뒤쪽은 'backward'를 사용하지 않음.

e.g. ● 내일 밤 표 [미스 사이공] 두 장 주세요.
Two (tickets) for tomorrow night [Miss Saigong], please.
Do you have two tickets for tomorrow night [Miss Saigong]?
● 나는 TV에서 토크쇼를 좋아합니다.
I like to watch talk shows on television.

Ans Do you have seats a little more to the rear?

Do you have seats a little closer to the back?

***Do you have seats a little more backward?**

('〔방향을, 목을〕뒤쪽으로 돌리다'은 의미가 있으므로 사용하지 않음.)

---

11. 나는 방학 때 많은 사진을 찍었다.

I took a lot of pictures on vacation. (내가 찍을 때)

I had a lot of pictures taken on vacation. (내가 찍혔을 때)

Q: 나는 그를 시켜 내 사진을 찍었다.

_____

 Note 사진 찍다; take a picture

e.g. ● 저희들 사진 좀 찍어 주시겠습니까?
Would you please take a picture (for us)?
● 저 사람들이 지나갈 때까지 기다려요.
Wait until those people move out of the way.

Ans I had my pictures taken by him.

12. 많은 상업광고가 젊은이들의 욕구에 표적을 두고 있다.

Many commercials are aimed at [are geared toward] (the need of) young people.

Q: 대부분의 광고와 선전은 21세 이하의 젊은 세대를 표적으로 하고 있다.

 Note 주요 대상 [표적]으로 하다: be aimed at, be targeted toward, be directed at, be focused on

e.g. ● 한밤의 광고는 매우 큰 홍보 효과를 가진다.
Late-night advertisements [commercials] have the greatest promotional effect.

Ans Most of the commercials and advertisements are aimed at the younger generation, which includes those under the age of twenty-one.

* 다음 문장을 영어로 쓰세요.

1. 처음에는 운동이 힘들지만, 시간이 가면 쉬워진다.

_____

Note 처음; at first

Ans At first exercise is difficult but it gets easier with time.

2. 그는 체육복을 가지고 체육관에 간다.

_____

Note 체육복; gym clothes, gym suit, sports clothes, sports wear

Ans He takes his gym clothes with him.

3. 서핑보드 [스키 장비]를 빌리고 싶은데요.

_____

Note 서핑보드; surfboard ('surfing board'는 사용하지 않음)

Ans I'd like to rent a surfboard [rent ski equipment].

4. 복장 규정은 없습니까?

_____

Note 복장 규정; dress code, 남성 예복; morning dress

Ans Is there a dress code?

5. 농악에 관심이 있어요.

 Note 농악; harvest song, folk music ('farm music'은 사용하지 않음)

Ans I'm interested in folk music [harvest song] and dance.

1. 다음 우리말을 영어로 쓰세요.

> ### 건강 유지 (To Be in Good Shape)

민수는 매주 세 번 또는 네 번 체육관에 간다.

그는 운동복을 입고 운동을 시작한다.

먼저 그는 윗몸일으키기와 팔굽혀펴기를 한다.

이 운동을 마친 다음, 그는 밖으로 나가서 운동장을 8바퀴나 10바퀴 달린다.

그런 다음 그는 체육관 안으로 돌아가서 농구 한 게임을 한다.

약 한 시간 운동한 다음에는, 샤워를 하고 옷을 갈아입는다.

그는 몸이 건강하다.

운동은 신체를 건강하게 하기 위해서는 중요하다.

key words put on, gym clothes, sit-up, push-up, in good shape, healthy body

2. 밑줄 친 우리말을 영어로 쓰세요.

조깅 (Jogging)

Jogging is good exercise. (1) 그것은 살을 빼고 건강한 신체를 유지하는 데 도움이 됩니다. (2) 그 운동은 질 좋은 조깅화 이외에는 아무런 장비가 필요없기 때문에, 값비싼 운동이 아닙니다. Before you begin to jog, walk for a while to warm up. Walk laps around the track and then increase your speed gradually. (3) 끝내기 전에는 열을 식히기 위해 몇 바퀴 걸으세요. Make an exercise schedule and stick to it. (4) 매주 어느 날 그리고 몇 시에 조깅을 할 것인지 정해 놓으세요. Try not to skip any days. (5) 한 차례 빠지면 다음 날 보충하세요. After two or three weeks of jogging, you'll begin to see the results. (6) 조깅을 시작하기 전에 꽉 조였던 옷이 훨씬 잘 맞을 것입니다. You will feel great, and you will look terrific. (7) 조깅이 몸무게를 낮게 유지하는 데 도움이 되므로 식단에 대한 걱정도 덜어 줍니다. Jogging by yourself is not much fun, so ask a friend jog with you. (8) 또한, 친구가 당신과 함께 조깅하게 하면, 지속하는 데 도움이 될 것입니다. Invite a friend and begin jogging today.

key words lose weight, physically, equipment, jogging shoes, lap, session, make up

15 인사와 예법
(Greeting and Etiquette)

* 주어진 예문을 참고하여, 우리말을 영어로 옮기세요.

---

1. 즐거운 여행이 되기를 바랍니다.

I hope (that) you (will) have a nice trip.

Q: 한국에서 즐겁게 보내십시오.

_____

Note 'Hope' 다음 의미에 따라 현재, 미래 둘 다 가능함.

e.g. ● 시험 성적이 좋기를 바랍니다.
　　　I hope that you'll get a good grade on your test.
　　● 이것이 너의 계획에 위험이 없기를 바란다.
　　　I hope that your project doesn't invite any danger.

Ans I hope you'll enjoy your stay in Korea.

I hope you have a nice trip in Korea.

I hope you have a nice trip during your stay in Korea.

2. 도와주셔서 감사합니다.

Thank you for your help.

*Thank you for your helping. (명사가 가능하면 동명사 불가)

Thank you for helping me.

I appreciate your help.

Q: 승진을 축하해 주셔서(축하하는 편지를 보내주셔서) 감사합니다.

 Note Thank you for + 명사(뒤에 목적어가 수반될 때에만 동명사를 사용한다.)

e.g. ● 가르쳐 주어 감사합니다.
　　　Thank you for teaching me (so well).
　　　Thank you for your instruction [guidance].
　　　*Thank you for your teaching. (동명사 불가)
　　● '이 문제를 저에게 알려 주셔서 감사합니다.'
　　　Thank you for bringing this matter to my attention.
　　　Thank you for calling [drawing] my attention to this matter.
　　　Thank you bringing this matter up.

Ans Thank you very much **for** your (kind words of) congratulations

on my recent promotion.

I was very delighted with your congratulations on my recent

promotion.

3. 함장 [선장]이 여러분 모두의 승선을 환영합니다.

The captain would like to welcome you all aboard.

Q: 김 제독 [장군] 아래에서 근무하게 되어 영광입니다.

 Note 승선한; aboard

e.g. ● 건배! 진급 [건강/새 직업]을 위해!
Cheers! To your promotion [health/your new job]!
A toast to your promotion [health/your new job]!
Here's to your promotion [health/your new job]!

Ans It was my privilege to serve under Admiral [General] Kim.

I feel honored to serve under Admiral [General] Kim.

---

4. 전송해 [마중 나와] 주셔서 감사합니다.

Thank you for coming to see me off [to meet me].

Q: 잘 지내세요. 모든 면에 감사드립니다. 언젠가 다시 뵙기를 바랍니다. 안녕히 계세요.

 Note 전송하다: see off. 마중나오다: meet, see

e.g. ● 어젯밤 송별회 파티 감사합니다.
Thank you for the farewell party last night.

Ans So long and thanks for everything. I hope to see you again someday. Goodbye.

---

5. 함께 일하게 되어 기쁩니다.

I am glad [pleased] to work with you.

I look forward to working with you.

Q: 여러분 모두 건강하시다니 매우 기쁩니다.

Note 기쁜: glad, delighted, nice, a real pleasure

e.g. ● 기꺼이 도와 드리겠습니다.
  I will be glad to help you.
● 이곳을 방문하시는 동안 당신과 함께 할 수 있어서 기뻤습니다.
  I was very glad [was much delighted] to get together with you while you were visiting here.
  It was nice (to have the pleasure of) getting together with you while you were visiting here.
  It was a real pleasure to get together with you while you were visiting here.

Ans I am very glad [pleased/delighted] to hear [see] that you are all in good health.

---

6. 오랜만에 너를 만나니 기쁘다.

I am delighted to see you after a long time.

Q: 오랜만에 왔으니 한동안 이곳에 머무를 예정입니다.

Note 오랜만에; after a long time, after so long an interval
한동안; for some time

e.g. ● 이씨에게 안부 전해 주세요.
Give my best regards to Mr Lee.
● 진심으로 애도를 표합니다.
Please accept my sincere condolence.

Ans I have come here after a long time, so I am going to stay here for some time.

---

7. 당신이 나를 대접한 것처럼 나도 당신을 대접하겠습니다.

As you treat me, so I will [will I] treat you.

Q: 오늘 너가 내면 다음에는 내가 내겠다.

_____

Note 조건(if)과 시간(when)의 부사절에서는 미래형 조동사를 사용하지 않는다.
대접하다, 취급하다 ; treat

e.g. ● 당뇨병은 보통 규칙적인 운동과 엄격한 식이요법으로 처치된다.
Diabetes is usually treated with regular exercise and a strict diet.

Ans If you treat me today, I'll treat you next time [treat you back later].

Can you get me today? I'll get you later.

Can you cover me today? I'll cover you next time.

8. A: 변변치 않은 선물입니다.

This is a little something for you.

This is a small present [thing] for you.

This is for you.

Here's a gift for you.

Q: 그러실 필요가 없는데요. 배려하셨군요 [친절하군요]. 감사합
니다.

 Note 다음과 같은 감사의 표현도 흔히 사용된다.

e.g. ● 안 그러셔도 되는데요. 열어봐도 될까요? 잘 사용하겠습니다 [먹겠
어요].
This wasn't necessary. May I open it? I'll enjoy using [eating] it.

Ans Oh, you shouldn't have. That's very kind of you. Thank you
very much.

9. 오늘 예식 [예불/예배]에 참석하고 싶어요.

I'd like to attend ceremonies [services] today.

Q: 외국인도 의식에 참가할 수 있나요?

 Note 예식, 의식: ceremony, service. 'Ceremony'는 전체적인 의

식 또는 규범적 의미가 강하고, 'service'는 종교적 의미가 강하지만 둘 다 혼용해서 흔히 사용된다.

결혼식; marriage service/ceremony. 장례식; burial service/ceremony. 졸업식; graduation ceremony/exercises, commencement ceremony.

e.g. ● 쌍계사에서는 몇 시에 예불 [의식]이 있어요?
    When are the services [ceremonies] at the Ssanggesa Temple?
● 예배 시간에는 조용히 해야 합니다.
    We should be quiet in [at] church.

Ans Are foreigners allowed to attend the ceremonies [services]?

---

10. 그 여행 직원은 우리 항공표를 잃은 것을 사과했다.

The travel agent apologized (to us) for losing our airline tickets.

Q: 종업원이 그의 커피를 흘린 데 대해 즉시 사과했다.

 Note apologize (to A) for B: A에게 B에 대해 사과하다

e.g. ● 그는 사람들의 감정을 상하게 하고서도 사과하지 않는다.
    He doesn't apologize for hurting people's feelings.
● 택시기사는 김씨 부인에게 가방을 떨어뜨린 것을 사과했다.
    The taxi driver apologized to Mrs. Kim for dropping her suitcase.

Ans The waiter apologized right away for spilling his coffee.

11. **A: 내 발 밟지 마세요. 더러워져요.**

Don't step on my shoes. You'll get them dirty.

B: 미안합니다. 고의가 아니었습니다.

I'm sorry. I didn't mean to (step on your shoe).

Q: A: 나에게 찬물을 부었어요.

   B: 미안합니다. 고의가 아니었습니다. 우연히 그랬습니다.

 Note   mean to : ―을 의도하다, 예정 [계획]이다

e.g. ● 당신에게 사과하고 싶습니다.
    I want to apologize to you. [Will you forgive me?]
  ● 미안합니다. 기분을 상하게 할 의도는 아니었습니다.
    Sorry. I didn't mean to hurt your feelings.
  ● 기분이 상하지 않았기를 바랍니다.
    I hope (that) I didn't hurt your feelings.

Ans A: You spilled cold water on me.

    B: I'm sorry. I didn't mean to. It was an accident.

---

12. **늦어서 미안합니다. 교통이 나빴어요.**

I'm sorry I'm late. The traffic was very bad.

Q: 괜찮아요. 몇 분 차이인데요.

Note 차이가 없다 [중요하지 않다]; make no difference

e.g. ● 괜찮아요. 별로 아프지 않았어요.
That's all right. It didn't really hurt.

Ans That's okay. A few minutes won't make any difference.

B. 단문 연습 (Sentence Practice)

* 다음 문장을 영어로 쓰세요.

1. (엘리베이터 또는 출입구에서) 먼저 (나)가세요.

_____

 Note 엘리베이터 또는 가게 입구에서 여성들에게는 반드시 'After you'를 사용해야 한다.

Ans After you. You're my guest.

I will come after [follow] you. / I'll be right behind you.

2. 나쁘게 생각하지 말아주십시오.

_____

 Note 나쁘게 생각하다; take someone wrong, take someone (in) the wrong way.

Ans Please don't take me wrong.

Don't take what I say in the wrong way.

Don't think of me in the wrong way.

*Don't think me wrong.

3. 실례가 되지 않을까요?

_____

Note 실례하다; disturb, bother, trouble

Ans I hope I'm not disturbing you.

I hope I'm not interrupting/bothering/troubling you.

4. 음식을 입에 가득 넣은 채로 말하지 마세요.

_____

 Note 가득 찬; full

Ans Don't talk with your mouth full.

Don't talk while you are eating.

Don't chew and talk at the same time.

5. 미국에서 식사 중에 트림하는 것과 한국에서 코를 푸는 것은 매우 무례합니다.

_____

 Note 트림하다; burp

Ans It's rude to burp while having meals in America but to blow your nose in Korea is rude.

6. 상관은 항상 하급 장교의 오른쪽에 앉거나 걷는다. 오른쪽이 상석 이다.

_____

 Note 상석; place [seat] of honor

Ans A senior officer always sits or walks on the right side of a junior officer. The right side is the place [seat] of honor.

7. 지하철이나 버스에서 노인이나 임신부에게 자리를 양보하는 것은 당연하다.

Note 당연하다; it is proper [natural, (only) right]

Ans It is natural that we should offer our seats to an old man or woman or a pregnant woman in a subway or a bus.

It is proper for us to give a seat to an old man or woman or a pregnant woman in a subway or a bus.

1. 다음 수미의 문의에 대한 민수의 우리말 조언을 영어로 쓰세요.

Dear Minsu,

My husband and I had a **heated** [terrible] argument last night. I forgot to tell him about the appointment that I had after work. **Because of the appointment, I came home an hour late.** [The appointment caused me to arrive home one hour later than usual.] I **can't figure out** [don't understand] why my husband got so mad. Can you tell me what caused the argument?

Signed,

Confused Sumi

당황하는 수미씨에게,

당신이 약속이 있다는 사실에 대해 당신 남편과 대화를 잘 나누었다면, 그가 그렇게 화를 내었으리라고는 생각하지 않습니다. 당신이 직장으로 나서기 전에 약속에 대해 그에게 알리는 것을 잊었다면, 나중에 그에게 전화해서 말할 수도 있었습니다. 내 생각에는 당신이 왜 그가 화를 내었는지를 이해하는 방법은 자문해 보는 것입니다. 입장을 바꾸어, "그가 평소보다 한 시간 늦게 집에 왔다면 당신은 어떻게 느꼈을까?" 자문해 보세요.

민수 드림

2. 다음 나미의 문의에 대한 민수의 우리말 조언을 영어로 쓰세요.

Dear Minsu,

My boss **scolded** [got angry at] me the other day because I hadn't told him that I was going to be working in another office from 9:00 until 10:30. **He must have been looking for me** [He must have wanted to find me], and when he didn't find me, he thought I had left work without telling him. Why did he get so angry, and what should I have done?

Signed Nami.

나미에게,

당신이 상관에게 당신이 어디에 있을지 말했더라면 그가 화를 내지 않았을 거라는 것을 알리라 생각합니다.

상관은 근무시간에 그의 부하가 어디에 있는지 알 필요가 있습니다.

긴급한 일이 생겼다면, 그는 당신을 찾을 수 없었을 겁니다.

"내가 상관이라면 나는 어떻게 했을까?" 하고 자문해 보세요.

16 목적과 이유
(Purpose and Reason)

* 주어진 예문을 참고하여, 우리말을 영어로 쓰세요.

---

1. 나는 실패하지 않기 위해서 열심히 일한다.

I work hard lest I should fail.

I work hard so that I may not fail

I work hard because I don't want to fail

Q: 그는 늦지 않기 위해 달려왔다.

Note 하지 않기 위해서; lest, so that … not

서두르다; make haste, hurry up, move quickly

시간에 맞추다는 'on time'을 사용하며, 'in time'은 사용하지 않음.

e.g. ● '그녀는 시간에 맞추려고 서둘렀다.'

She made haste [hurried up] in order that [so that] she would be on time.

(x) in time

Ans He came running lest he should be late.

He came running so that he wouldn't be late.

He came running because he didn't want to be late.

2. 그는 태만했기 때문에 실패했다.

His failure is due to his idleness.

His failure is because of laziness.

Q: 당신 때문에 죽음을 모면했습니다.

_____

때문에, 덕택으로; thanks to, owing to, on account of, owing
to, due to. 혜택을 받다, 신세를 지다; owe

e.g. ● 나는 너에게 크게 빚지고 있다.
I owe you a great deal.

Ans Thanks to you. My life was saved.

Owing to you my life was saved.

On account of you I escaped death/ I didn't die.

I owe you my life.

You saved my life.

---

3. 그는 현명하게도 친구와 상의하였다.

He was wise [smart] enough to consult his friends.

Q: 그는 친절하게도 길을 안내해 주었다.

_____

ㅡ하게도, ㅡ할 정도로; enough to. 'Enough'는 수식하는 형
용사나 부사 뒤에 위치한다.

e.g. ● 그녀는 스스로 결정을 내릴 정도의 나이가 되었다.
　　　She is old enough to make her own decisions.

Ans He was so kind [good] as to show me the way.

---

4. 어젯밤 소음 때문에 잠을 잘 수가 없었다.

I couldn't sleep for the noise last night.

The noise broke my sleep last night.

Q: 시끄러워서 공부를 할 수가 없다.

_____

 Note 소음 때문에 ; from the noise, for the noise

Ans I can't work at my lessons from the noise. (보다 일반적임)

I can't work at my studies for the noise.

---

5. 듣기만 해도 입에서 군침이 납니다.

Just hearing about it makes my mouth water.

Q: 연기 때문에 눈에서 눈물이 납니다.

_____

 Note (눈물, 침을) 흘리다, 나오다; water

e.g. ● 누군가가 군침 도는 음식을 설명할 때 내 입 안에 군침이 고이기
　　　시작한다.

When someone describes a tempting food, my mouth begins to water.

● 그것을 보기만 해도 기분이 나쁘다.
The mere sight of it makes me feel sick.

Ans The smoke makes my eyes water.

---

6. 내 아들이 넘어졌으나, 울지 않았다.

My son fell down, but he didn't cry.

Q: 그는 얼음 위로 걷다가 넘어졌다.

_____

 Note 'fall down': 넘어지다. 'Down'은 부사 또는 전치사로도 이용될 수 있다.

e.g. ● 계단 아래로 넘어져서 무릎이 까졌어요.
I fell down the stairs and scraped my knees.

Ans He walked on the ice and fell down.

While he was walking on the ice, he fell down.

---

7. 동생이 나를 성가시게 했다.

I was annoyed [irritated] by my (little) brother.

My brother annoyed me.

Q: 그의 이상한 행동에 당황하였다.

_____

당황하다; shocked by [with, at], astonished by, amazed by, confused by [about], embarrassed by [with]. 형용사에 따라 by, with, at 등 다양한 전치사가 수반될 수 있으므로 함께 외우는 것이 편리하다.

e.g. ● 건강 유지를 위해 뭘 먹어야 되는지 모르겠어.
I'm confused about what I'm supposed to eat to stay healthy.

Ans I was shocked [astonished, confused, embarrassed] by his unusual behavior.

I was shocked to see his unusual behavior.

His unusual behavior was shocking.

His unusual behavior came as a shock.

---

8. 그는 나 때문에 늦었다고 비난하였다.

He blamed me for the delay.

He blamed the delay on me.

He put the blame on me for the delay.

Q: 그들은 차 사고에 대해 서로 비난했다.

_____

'A에게 B에 대해 나무라다': blame A for B. 'B를 A의 탓으로 돌리다': blame B on A. ('Blame'은 어떤 사건의 결과에 대한 책임소재와 관련해서 사용한다. 또한 'denounce'는 추상적 사고에 사용하므로 위의 문장에는 적절하지 않다.)

e.g. ● 아버지가 자전거를 훔쳤다고 나를 꾸짖었다.

  My father blamed me for stealing the bicycle.

  My father accused me of stealing the bicycle.

● 그 변호사는 새 정책을 비난했다.

  The lawyer denounced the new policy.

Ans They blamed each other for the car accident.

---

9. 짙은 안개 때문에 섬을 볼 수 없었다.

We couldn't see the island <u>on account of</u> [for] the heavy fog.

Q: 회의는 심한 비 [폭풍우] 때문에 이틀이나 지연되었다.

_____

 Note 홍수; flood. 가뭄; drought. 폭풍우; rainstorm, storm

Ans The meeting was delayed for two days owing to heavy rain [storm].

  It rained heavily, so the meeting was delayed for two days.

---

10. 세계 평화를 유지하기 위해서 모든 나라가 노력하고 있다.

_____

 Note 노력하다; make effort. 하기 위해서; (in order) to, for the purpose of, with the intent of …ing, toward …ing 등 여러 가지로 표현할 수 있다.

e.g. ● 나는 해군장교가 되기 위해 사관학교에 들어왔다.
I entered the R.O.K. Naval Academy to be a naval officer.
[for the purpose of being an officer, with the intent of becoming a naval officer.]
I enrolled in the R.O.K. Naval Academy because I wanted to be a naval officer [so that I would be a naval officer].

Ans All of the countries are making utmost effort (in order) to keep the world peace.

The countries of the world are exerting every effort toward maintaining the peace of the world.

---

11. 교통을 편리하게 하기 위해 서울에서는 현재 도처에 도로를 확장하고 있다.

They are at present widening the streets everywhere in Seoul with a view to facilitating] traffic.

Q: 국민의 복지를 개선하기 위해서 공정한 정책을 확립해야 한다.

Note …할 목적으로, 하기 위해서; with a view to …ing, aimed at, designed to

e.g. ● 그는 국민의 복지를 개선하기 위해 기획된 여러 가지 일들을 지치지 않고 행했다.
He was indefatigable in all kinds of works designed to improve the welfare of the people.

Ans We must shape a fair policy with a view to improving [to improve] the welfare of the people.

We must form a fair policy aimed [aiming] at the welfare of the people. 〈주의〉 'at' 대신 'for'를 사용할 수 없음.

---

12. 세계의 자유국가들과 어깨를 나란히 하기 위해서는 경제적 자립을 달성하는 것이 가장 중요하다.

 Note 어깨를 나란히 하다; rank with, compare [compete] with, be on a par with

Ans In order for our country to rank with the free nations of the world, it is most important to gain her economic independence.

If our country wants to be compared with any free nations of the world, it is utmost important that she should endeavor to secure economic independence.

13. 폭풍이 오면 되도록 용감히 버텨 살아남도록 해야 한다.

If a storm comes, you must try to go [get] through it as bravely as possible so as to survive.

If a storm comes up, you must try to <u>stand against</u> [withstand] it as bravely as possible in order to survive.

In order to get through and survive a storm, you must be as brave as possible.

Q: 우리는 공적인 생활에서 오는 스트레스와 압박감을 견뎌야 한다.

 Note 버티다, 살아남다; stand against, go [get] through, withstand

e.g. ● 우리는 나이에 근거하여 누군가를 판단하는 것에 반대해야 한다.
We should <u>take a stand against</u> [stand against] judging someone based on their age.

Ans We should withstand [stand against] the stresses and strains of public life.

14. 나는 몹시 급해서 그들의 대화를 듣지 못했다.

I could not overhear their conversations as I was in a rush.

Q: 엿듣지 못하게 그들은 작은 소리로 이야기한다.

엿듣다; overhear, eavesdrop (on). 낮게 말하다; speak low [softly]

e.g. ● 당신의 대화를 엿들으려 한 것이 아니라 우연히 듣게 되었습니다.
I didn't intend to eavesdrop, but I overheard your conversation.

Ans They speak low [softly] lest they should be overheard.

They should speak in a low voice so that they aren't overheard.

---

15. 그런 일은 무조건 해서는 안 된다 [그런 일은 하지 않는 것이 좋을 것이다].

You shouldn't [had better not] do such a thing on any account.

Q: 너는 이제 사관생도이므로, 그런 일을 해서는 안 된다.

 하지 않아야 한다; shouldn't not, had better not. 'Had better not'(—하지 않는 것이 좋을 걸)은 행위에 대해 처벌을 받을 수 있다는 위협적 의미를 내포하고 있다.

Ans Now that you are a cadet [midshipman], you'd better not [shouldn't do] do such a thing (as that).

* 다음 문장을 영어로 쓰세요.

1. 무에서 유가 생겨나지 않는다.

Note 'any' + 'not'은 사용하지 않는다.

Ans Out of nothing, nothing comes.

Nothing comes from nothing.

*Out of nothing, anything doesn't come.

2. 새로운 환경은 새로운 생활양식을 낳는다.

Note 낳는다; create, bring about

Ans A new environment creates [brings about] a new form of life.

3. 공중화장실에서 물을 안 내리면 벌금을 문다.

Note 공중화장실; toilet, public restroom

Ans If you don't flush the toilet in a public restroom, you get fined.

4. 생활비를 줄이지 않으면 얼마 안 가서 살기가 어려워질 것이다.

Note 생계비; living expenses, home budget

Ans Unless we cut down living expenses as low as possible, we shall soon find it difficult to make a living.

If you don't cut down your home budget, you will soon find it hard to live.

5. 그는 운이 좋았기 때문이 아니라 노력했기 때문에 성공했다.

Note —때문이 아니라 —때문에; not because, but because

Ans He didn't succeed because he was lucky but because he made a lot of effort.

He succeeded not because he was lucky but because he made a lot of effort.

He succeeded not because of luck but because of his effort.

6. 폭풍이 지나면 살아있는 것이 얼마나 즐거운지 느끼게 된다.

Note 즐거운; wonderful, splendid

Ans Once the storm is over, you will find how wonderful it is to live.

Once the storm ends, you will be sure to feel a great joy of life [living].

7. 때마침 그가 도와서 어려움 없이 일을 할 수 있었다.

Note 적시의 도움; timely [immediate] help

Ans Thanks to his timely help, I could do the work without any difficulty.

Thanks to his immediate help, I had little difficulty (in) doing the work.

8. 나는 함장님의 헌신적인 자세와 직업의식에 큰 감명을 받았습니다.

Note 감명을 주다; impress
직업정신; professionalism, professional quality

Ans Our captain deeply impressed me with his devotion to his work and professionalism.

I was deeply impressed with our captain's devotion to his work and professionalism.

9. 학교에 가고 올 때 어린이들이 다치지 않도록 주의해 주세요.

 Note 주의하다; take care, be careful/cautious

Ans Take care [Be careful/cautious] that the children don't hurt themselves on their way to and from school.

10. 고용인이 과업을 합의하여 함께 처리할 수 있는 사람을 고용하지 않으면, 그 일을 잘 수행할 수 없다. 개인적인 선호도는 직장에서 중요하지 않다는 점을 지적해야 한다. 그렇지 않으면 고용자는 그를 해고하고 다른 사람을 고용해야 한다.

 Note 선호도; preferences, likes or dislikes
'on the job'는 '특정한 일', 'for the job'는 '일반적인 일'에 흔히 사용한다.
e.g. 그는 해고되었다: He got fired [axed].

Ans An employee must hire people who can work together **on/for** the job in complete **agreement/harmony**, or the job (he is hiring them for) won't be done well. He should point out that personal **preferences** [likes or dislikes] have no place at work. Otherwise, the employer should **fire them** [lay them off, let them go] and hire others.

1. 다음 상담 자료를 읽고 수미의 조언을 영어로 쓰세요.

수미의 상담코너 (Sumi's Advice Column)

Sumi works for the newspaper. She gives advice to people who write to her with problems. She provides an answer to almost any problem. Do you agree with her?

Dear Sumi,

My mom and I had a big **argument** [disagreement]. She's trying to convince me that I am too young to have my own car. She lets me drive her car, but she's **resolved** [definite, adamant] about not wanting me to have my own car. I don't **see** [get] her point. On the one hand, she lets me drive, but on the other hand she won't let me have my own car. How can I convince her that I should have my own car? I'm 21 years old.

Signed,

Kim Minja

안녕, 민자

나는 당신 어머니의 견해에 동의할 수밖에 없습니다. 당신이 차량, 보험, 기름에 대한 비용을 지불하기 위해 노력하지 않는다면, 당신은 분명히 자신의 차를 가져서는 안 됩니다. 이런 것들이 비용이 많이 든다는 점을 당신에게 지적하고 싶습니다.

당신 어머니가 당신에게 자신의 차를 운전하게 허용하는 것은 좋다고 생각합니다. 당신이 계속 당신 자신의 차를 요구하지 않을 것을 권합니다. 부업을 얻어서 돈을 모으세요. 그 다음 엄마에게 다시 차에 대해 이야기해 보세요.

2. 다음 상담 자료를 읽고 수미의 조언을 영어로 쓰세요.

Dear Sumi,

I'm planning a move to Seoul. I'm supposed to be getting a job there, but the start date is indefinite [isn't definite, hasn't been decided]. It will be either March 15 or April 1st. My brother and his wife live in Seoul, so I asked them if I could live with them. When they found out that I wanted to stay indefinitely, they said no [they turned me down]. To tell the truth, I don't really understand why they said no. Mainly, I wanted to ask you if I should ask them again, or if I should just try and find a temporary place until I know more [find out] about the job.

Signed,

Homeless Jeho

〈수미의 조언〉

재호씨,

형님과 형수에게 다시 묻지 마세요. 그 문제를 그들의 관점에서 보세요. 당신이 일정 기간 동안, 예를 들면 2주일 정도, 머물 필요가 있으면 그들은 분명히 당신이 그들과 함께 머물기를 원할 것입니다. 그러나 당신이 기간을 한정하지 않을 경우, 그들은 정상적인 일과를 유지하기가 불가능해질 것입니다. 감정적으로 받아들이지 마세요. 그것은 그들이 당신을 싫어한다는 뜻은 아니라. 단지 자신들에게 불편하다는 뜻입니다. 분명히 그들도 당신이 거주할 곳이 없기를 바라지는 않습니다. 따라서 그들이 거주할 곳을 찾도록 도와줄 수 있는지 물어보세요.

수미 올림

3. 다음 글을 읽고 밑줄 친 개요를 영어로 채우세요.

동물의 생존법 (How Animals Survive!)

In order to survive, some animals have natural camouflage. For instance, some insects **resemble** [look like] tree branches or leaves, so they're hard to **spot** [see/find]. Other animals and fish can change color, and so **conceal** [hide/disguise] themselves by looking similar to their surroundings.

Another survival mechanism is having natural protective armor. Some animals have hard shells on their backs while others have very thick skin which is hard to **pierce** [penetrate].

An animal's motion or lack of motion can help it to survive, too. Some animals respond by remaining absolutely **motionless** [still]. Since our eyes tend to follow movement, a stationary animal is hard to spot. Other animals escape by moving out of range, either by suspending themselves from a branch in a tree, submerging into deeper water, flying into the trees, or **scurrying away** [racing away] to hide.

 **Outline** Don't use more than 4 words in each underlined part.

How Animals Survive!

A. _____

   1. _____   2. _____

B. _____

   1. _____   2. _____

C. _____

   1. _____   2. _____

     a. _____ b. _____ c. _____ d. _____

17 수와 양
(Number and Quantity)

* 주어진 예문을 참고하여, 우리말을 영어로 쓰세요.

---

1. 사물의 무게는 저울로 단다.

(The weight of) an object is measured with a balance.

We weigh an object in a balance.

Q: 자로 물건의 치수를 잰다.

_____

 Note 저울로; with [in] a balance

e.g. ● 우리는 칼로 고기를 자른다.
　　　 We cut meat with a knife.

Ans (The length of) an object is measured with a rule.

We measure an object with a rule.

2. 그의 방은 미터로 얼마 정도인가?

How big [wide] is his room in meters?

Q: 그 새 건물은 피트로 어느 정도인가?

_____

(단위) —로, —당; in

e.g. ● 이 테이블은 폭이 1.5미터이다.
This table is one and a half meter in breadth.

Ans How high is the new building in feet?

How many feet tall is the new building?

---

3. 이것은 9인승 자동차이다.

This is a nine-passenger car [a nine seater].

Q: 여객기 707편은 320인승이다.

_____

—인승 [인용-]; seater

e.g. ● 우리는 3인용 소파가 필요하다.
We need a three-seater sofa.

Ans Flight 707 is a 320 seater.

Flight 707 is a 320 passenger plane.

Flight 707 is an airliner with a capacity of 320 (seats).

4. 그 나라는 천연자원이 풍부하다.

The country is rich in natural resources.

Q: 한국은 해산물이 풍부하다.

_____

 풍부한; (형용사) rich, (동사) abound, (명사) bounty

e.g. ● 풍부한 [많은] 건과로 가득찬 무화과 쿠키는 잘 씹어야 하며 달다.
Filled with a bounty of dried fruits, fig cookies are chewy and sweet.

Ans Korea is rich [abounds] in sea products [seafood].

Korea enjoys a bounty of marine products [sources].

5. 물질은 원자로 이루어져 있다.

Matter is composed of atoms.

Q: 지구의 표면은 물과 육지로 구성되어 있습니다.

_____

 구성되다; be formed of, be composed of, be made up of, consist of

e.g. ● 이 책은 3장으로 구성되어 있습니다.
This book is formed of three chapters.

Ans The surface of the earth is composed of the land and the water.

6. 일본은 크고 작은 수많은 섬으로 구성되어 있다.

Japan is formed of innumerable islands, large and small.

Japan is formed of many large and small islands.

Q: 전라남도는 주로 반도와 섬과 항만으로 이루어져 있다.

 하역할 수 있는 항만을 가진 지역 또는 도시를 'port(항구)', 배 가 닿을 수 있는 해안(coast)을 'harbor(항만)'라 한다.

e.g. ● 뉴욕은 여전히 미국에서 두 번째로 큰 항구이다.
New York is still the second largest port in USA.

● 선원들이 배를 항만으로 끌고 들어와 닻을 내렸다.
The sailors brought the boat into the harbor and cast [drop] the anchor.

● 진주만의 미군 해군항구는 2차 대전 중 일본에 의해 파괴되었다.
The American naval port in Pearl Harbor was destroyed by Japan during the 2nd World War.

Ans Cholla Nambo is chiefly formed of a peninsula, islands and harbours.

Cholla Nambo consists primarily of a peninsula, islands and harbours.

Cholla Namdo is primarily a peninsula with a lot of islands and harbors.

7. 그녀는 비누 한 개와 샴푸 한 병을 샀다.

She bought a bar of soap and a bottle of shampoo.

Q: 그녀는 치약 한 개와 토마토 두 캔을 샀다.

_____

Note 공식적으로는 물질명사와 추상명사는 단위명사를 사용한다.
그렇지만 구어체에서는 종종 보통명사로 처리되기도 한다.

e.g. ● 커피 두 잔 주세요.
Please bring us two cups of coffee.
Please bring us two coffees. (spoken)
● 그녀는 계란 한 판과 연필 반 다스를 샀다.
She bought two dozen eggs and a half dozen pencils.

Ans She bought a tube of toothpaste and two cans of tomatoes.

She bought a toothpaste and two tomato cans. (spoken)

8. 바나나는 얼마입니까?

What's the price of bananas?

How much do the bananas cost?

Q: 바나나는 1킬로에 5,000원입니다.

_____

Note …에 대해, …마다; per, a(n)

e.g. ● 그 호텔 객실은 하룻밤에 1인당 100달러입니다.
The hotel rooms cost $ 100 a [per] person, a [per] night.

Ans Bananas are 5,000 won a [per] kilo(gram) today.

The price of bananas is a kilogram for 5,000 won.

---

9. 케이크를 6조각으로 나누어, 교실에 있는 모든 학생에게 한 조각 주겠습니다.

I'll divide the cake into 6 pieces and give a piece to every student in the class.

Q: 사과를 반으로 나누어, 반은 먹고 반은 친구에게 주어라.

_____

 Note 두 부분 이상으로 나눌 때, 마지막 (남은) 부분은 'the other'를 쓴다.

e.g. ● 다른 학생들이 운동장에서 놀 때 그는 혼자 있었다.
He was left alone while the other students were playing in the ground.

Ans Divide the apple into halves [two pieces], eat one half, and give the other one to your friend.

---

10. 원하는 만큼 책을 가져가도 좋다.

Take as many books as you can.

Q: 좋아하는 만큼 먹어도 좋지만, 과식하지 않도록 해라.

_____

Note 과식하다; eat too much, overeat, overindulge yourself

e.g. ● 삽화는 적절히 사용하되 너무 많이 쓰지는 마세요.
Use illustrations where appropriate but don't overdo [overuse] it.

Ans You may eat as much as you like, but be careful not to overeat.

You may eat as much as you like, but don't overdo it.

---

11. 물은 산소와 수소의 화합물이다.

Water is a compound of hydrogen with oxygen.

Q: 수소는 산소와 결합하여 물이 된다.

Note (동사)합성하다, (형용사)합성의, 혼합의, (명사)합성 [혼합]물; compound

e.g. ● 가난으로 그는 더욱 고독했다.
His loneliness was compounded by poverty.
His loneliness was made worse by poverty.
Poverty made him more lonely.
He became more lonely because of poverty.
● 건물을 목재나 돌로 짓는 것이 권할 만합니까?
Would you advise people to make a building out of wood or stone?
What would you advise people to build a building out of wood or stone?

Ans Hydrogen combines [mixes] with oxygen to form water.

12. 5 곱하기 3은 15다.

Three times five equals fifteen.

Five multiplied by three is fifteen.

Q: 6 나누기 2는 3이다.

 Note 부호 '÷'는 'divided by', 곱하기 '×'는 'multiplied by'로 읽는다.

e.g. ● 2 더하기 1은 3이다.
Two plus one equals [is] three.
The sum of two plus one is three.
Add two and one, you get eight.
Four from five equals one.
● 5 빼기 4는 10다.
Five minus four equals [is] one.
Five minus four leaves one.

Ans Six divided by two is [equals] three.

---

13. 원의 바깥쪽에서 원의 중심까지의 선이 반지름이다.

The line from the outside of a circle to the center of the

circle is the radius.

Q: 원의 한쪽에서 맞은편까지의 선이 지름이다.

Note 반지름; radius. 지름; diameter. 원주; circumference

e.g. ● 원 밖에 있는 선을 원주라 한다.

The line on the outside of a circle is called the circumference.

● 원의 반지름은 지름의 반이다.

The radius of a circle is one half of the diameter.

Ans The line from one side of a circle to the other side is the

diameter.

---

14. 대부분의 한국인들은 저녁에 김치를 먹는다.

Most Koreans eat kimchi with dinner.

Most (of the) Korean people eat kimchi with dinner.

Almost all Koreans eat kimchi with dinner.

*Almost Koreans eat kimchi with dinner.

Q: 대부분의 학생들은 부유하지 않다.

Note 'Almost'는 부사이므로 명사 바로 앞에 사용할 수 없다.
'Most of ' 바로 다음에는 한정적인 형용사+명사가 오며 형
용사 없이 명사만 사용할 수 없다.

Ans *Most of students are not rich.

Most students are not rich.

* 다음 문장을 영어로 쓰세요.

1. 교실에 있는 학생은 17명이다.

___

Note 일반적으로 'there+be' 구문을 사용한다.

Ans There are 17 students in the classroom.

The students in the classroom are seventeen in number.

*The number of the students in the classroom is seventeen.

2. 공기 [대기]에는 질소가 산소보다 4배 많다.

___

Note 배수는 비교급 앞에 위치한다.

Ans The atmosphere has four times as much nitrogen as oxygen.

The atmosphere has four times more nitrogen than oxygen.

3. 초등학생의 나이는 7살에서 13살 사이이다.

___

Note 사이이다; from—to

Ans The age of the pupils in the elementary school ranges [is]

from seven to thirteen (years).

The age of the pupils in the elementary school ranges between seven and thirteen (years).

The pupils in the elementary school ranges from seven to thirteen years of age.

4. 그 배에는 약 300톤의 화물을 싣고 있다.

 Note 'aborad'와 'on board'는 둘 다 부사 또는 전치사(구)로 사용이 가능하다.

Ans The ship has a cargo of about 300 tons.

The ship is loaded with a cargo of about 300 tons.

There was a cargo of about 300 tons aboard [on board].

There was a cargo of about 300 tons aboard [on board] the ship.

1. 다음 우리말을 영어로 쓰세요.

식료품점에서 (At the Grocery Store)

민수는 토요일 식품점에 갔다.

그는 비누 한 개, 샴푸 한 병, 토마토 한 캔, 그리고 감자 1킬로가 필요했다.

상점에는 붉은 토마토와 크고 흰 토마토가 있었다.

그는 작고 붉은 토마토 1킬로를 샀다.

그는 토마토가 옥수수캔 옆에 있는 것을 보았다.

그 상점에는 그가 좋아하는 비누가 없었다.

그는 그것을 사러 다른 상점에 가야 했다.

key words a piece of paper, a slice of bread/tomato, a bar of soap, a bottle of shampoo/ milk, a tube of toothpaste, a can of tomatoes, a dozen [a half dozen, two dozen] eggs/pencils, a bowl of soup, a cup of coffee, a glass of tea.

2. 아래 개요에 대한 우리말 요약문을 영어로 쓰세요.

쓰레기 (Garbage)

A. Garbage—a worldwide problem

B. Amount of garbage

  1. Millions of tons thrown away every day

  2. Examples of production per person per day

    a. New York—4 pounds

    b. Tokyo—3 pounds

    c. Rome—1.5 pounds

    d. Cairo—1.1 pounds

C. Poisonous waste from industries

  1. Worst part of problem

  2. Very difficult to dispose of properly

  3. Dangerous to people's health

요약   쓰레기는 세계적인 문제이다. 수백만 톤이 매일 버려진다. 예를 들면 2000년 현재 뉴욕에서는 1인당 4파운드, 도쿄에서는 3파운드, 로마에서는 1.5파운드, 카이로에서는 1.1파운드가 양산된다. 산업 유해폐기물이 적절히 처리하기 가장 어렵고, 사람들의 건강에 해롭기 때문에 최악의 문제이다.

18 비교와 정도 (Comparison and Degree)

* 주어진 예문을 참고하여, 우리말을 영어로 쓰세요.

> **1. 건강보다 귀중한 것은 없다.**
>
> Nothing is so valuable as good health.
>
> Nothing is more valuable than good health.
>
> Health is the most valuable of all things.
>
> Q: 힘든 일을 성취했을 때만큼 유쾌한 일은 없다.
>
> _____

 Note 최상의 의미는 최상급, 비교급, 원급으로 표현이 가능하다.

e.g. ● 시간만큼 중요한 것은 없다.
    Nothing is more important than time.
    Time is the most important thing of all.
  ● 나쁜 소문만큼 빠르게 퍼지는 것도 없다.
    Nothing spreads so [as] rapidly [quick] as bad gossip [rumor].
    Nothing spreads more rapidly than bad gossip [rumor].

Ans Nothing feels as good as finishing [carrying out] hard work.

Nothing feels better than finishing hard work.

We never feel so happy as when we have accomplished hard work.

2. 사람은 돈이 많을수록 욕심이 많아진다.

The richer one becomes, the more one wants.

Q: 사람들은 값이 비쌀수록 품질이 좋다고 생각하기 쉽다.

___

Note …할수록 더욱더 …하다; the more [비교급] …, the more [비교급] …

e.g. ● 높이 오르면 오를수록 점점 더 추워진다.
The higher we go up, the colder it becomes.

Ans We are apt [likely] to think that the more expensive a thing is, the better the [its] quality is.

3. 그는 학급의 누구보다 빨리 달릴 수 있다.

He can run faster than any other boy in his class.

He runs fastest of all the students in his class.

He is the fastest runner in his class.

Q: 독서에 대한 취미는 가능한 빨리 기르는 것이 바람직하다.

___

Note 빨리; quick, fast, early. 단어의 결합관계(연어〔collacation〕관계)는 언어관습이므로 외우는 것이 좋다: e.g. the fast [NOT quick] train/food. the quick [NOT fast] shower/meal/service. (태도, 습관을) 기르다; cultivate, develop, form, foster,

build up

e.g. ● 그는 내 편지에 빨리 답장을 하였다.
He replied to my letter very quickly.
He wrote back to me very quickly.
He gave an answer to my letter very quickly.

Ans It is desirable that a taste for reading should be cultivated
[formed] as early as possible.

Reading should be encouraged [cultivated] as early as possible.

---

4. 그는 수학을 나보다 잘한다 [못한다].

He is superior [inferior] to me in mathematics.

He is better than me in mathematics.

Q: 나는 그만큼 영어를 잘하지 못한다.

_____

Note 영어는 비교급에 'than'을 사용하지만, 라틴어(Latin)에서 유래된 단어는 'to'를 사용한다.

e.g. ● 그는 나보다 1년 후배 [선배]다.
He is junior [senior] to me by a year.
He is a year junior [senior] to me.
● 그는 나보다 2살 적다.
He is two years younger than me.
I am two years older than him.

Ans I can't speak English as well as he/him.

5. 이것은 내가 어제 들은 것과 같은 곡이다.

This is the same song that I heard yesterday.

Q: 나는 너와 같은 의견이다.

_____

 꼭 같은 것; the same that'. 같은 종류; the same as

e.g. ● 배를 운행하는 것이 차를 운행하는 것과 같지 않다.
  Driving a boat is not the same as driving a car.
  ● 너의 말에 공감한다.
  You can say that again. That's so true.

Ans I am of the same opinion as you.

  I (totally) agree with you.

6. 중국은 한국보다 훨씬 크다.

China is much larger [bigger] than Korea.

Q: 나는 그보다 3cm 크다.

_____

 (규모나 범위가) 크다; large, big. (키가) 크다; tall. (추상적 의미의) 커다란, 중대한; great. (비교급 수식) 훨씬; much, still, far

e.g. ● 인터넷은 사람들의 삶에 커다란 변화를 가져왔다.
  The Internet has brought about great [remarkable] changes in people's lives.

Ans I am 3cm taller than he [him].

I am taller than he [him] by 3cm.

---

7. 그 차는 우리 차고에 넣기에는 너무 크다.

The car is too big to fit into our garage.

Q: 그 문제는 그가 혼자 처리하기에는 너무 크다.

Note (능력 또는 영역을) 넘어서는, 영역 밖의; (way) out of one's league [control]

e.g. ● 자신의 의도는 조절할 수 있으나, 타인의 반응은 통제할 수 없다.
One can control (one's) intent, but the reaction of others is out of one's control.

Ans The problem is just too big for her to tackle on her own.

The problem is way out of her league.

---

8. 이 통조림은 저 통조림의 반이다.

This can is half as large as that one.

This can is half the size of that one.

Q: 저 통조림은 이 통조림보다 두 배로 크다.

보통명사를 대신할 때는 'one'을 쓰지만, 추상명사나 물질명
사는 생략한다.

e.g. ● 나는 푸른 잉크보다 검은 잉크를 좋아한다.
I like black ink better than blue.
I like black better than blue ink.
*I like black ink better than blue one.

Ans That can is twice the size of this one.

That can is twice the size of this.

---

9. 미국에서는 한국에서 사는 것보다 3배나 돈이 든다.

Living in America is three times as expensive as in Korea.

*Living in America is three times as expensive as Korea.

*Living in America is three times as expensive as that in Korea.

Q: 우리 학교는 너희 학교보다 학생수가 3배나 많다.

_____

3배; three times, thrice. 비교급에서 동일 전치사는 생략하지
않는 것이 원칙이다.

e.g. ● 너는 그렇게 행동해서는 안 된다.
You should know better than to behave like that.
You shouldn't behave like that.

Ans Our school has three times as many students as yours.

Our school has three times more students than yours.

10. 어머니의 연세는 나의 2배이다.

My mother is two times [twice] as old as me [I].

My mother is twice my age.

The age of my mother is two times that of mine.

Q: 인간의 신장은 가운데 손가락 길이의 약 20배라고 한다.

_____

 Note 엄지; thumb, big finger. 집게손가락; forefinger, index finger, first finger. 가운뎃손가락; middle finger. 약손가락; ring finger, third finger. 새끼손가락; little finger, pinky

e.g. ● 그는 손가락에 커다란 금반지를 끼고 있었다.
He was wearing a large gold ring on his finger.

Ans The height of a man's body is (said to be) about twenty times the length of his middle finger.

11. 이런 점에서 서울은 유럽의 대도시와 견줄 수 있다.

In this respect, Seoul can be compared with any large city in Europe.

Q: 그 풍경은 비교할 수 없을 정도로 아름답다. / 그 풍경은 묘사할 수 없을 정도로 아름답다.

_____

'Compare with'(비교하다)와 'compare to'(비유하다)는 구어체
에서는 흔히 구별하지 않는다.

e.g. ● 이순신은 역사적으로 넬슨과 비교된다.
Yi Sunsin is compared with Nelson in history.
Yi Sunsin ranks in history with Nelson.

Ans Nothing can be compared to the beauty of the scenery.

There is nothing comparable to the beauty of the scenery.

The beauty of the scenery is beyond description.

The beauty of the scenery defies description.

The scenery is too beautiful for description.

The scenery is beautiful beyond description.

---

12. 산책하러 가기보다 오히려 집에 있는 편이 낫다.

I would rather [sooner] stay at home than go out for a walk.

Q: 국가는 그 크기보다 오히려 부에 의해 판단되어야 한다.

_____

A보다는 B를 (하고 싶다); B rather [sooner] than A, not so much
A as B, not A but B

e.g. ● 부정적인 것보다 긍정적인 것을 찾으세요.
You should seek the positive rather than the negative.

Ans Nations are to be judged by their wealth rather than by their
size.

Nations are to be judged not so much by their size as by

their wealth.

Nations are to be judged not by their size but by their wealth.

---

13. 나는 신용카드로 처리하는 것보다 현금 지불을 선호한다.

I prefer to pay cash rather than (to) charge it.

Q: 나는 요리하는 것보다 외식을 좋아한다.

_____

 Note A보다 B를 좋아하다; prefer A to [rather than] B, like A better than B. 비교되는 대상 A와 B는 같은 형태를 가져야 한다.

e.g. ● 나는 자루걸레로 닦는 것보다 쓸기를 좋아한다.
  I prefer sweeping to mopping.
● 뉴스를 라디오로 듣는 것보다 TV로 보는 것을 좋아한다.
  I prefer seeing [watching] the news on TV to hearing it on the radio.
● 나는 디저트로 과일보다 아이스크림을 좋아한다.
  I prefer ice cream rather than fruit for dessert.

Ans I prefer eating out to cooking.

14. 네가 믿든 안 믿든 그것은 사실이다.

Whether you believe it or not, it is true.

Believe what you want, but I'm telling you that it is true.

Q: 그녀가 부유하든 가난하든 조금도 상관이 없다.

_____

Note 이든… 아니든, 인지…아닌지; whether. 문제가 되다; matter

e.g. ● 날씨가 나쁜 것은 문제가 되지 않는다.
　　　It doesn't matter that the weather is bad.

Ans Whether she is rich or poor doesn't matter at all.

　　　It doesn't matter at all whether she is rich or poor.

---

15. 아무리 부자라고 해도 그는 신사라고 할 수 없다.

However rich he may be he can't be called a gentleman.

Q: 아무리 공부를 해도 1~2년으로 영어를 숙달하기는 힘들다.

_____

Note 아무리 …해도; however, no matter how

e.g. ● 아무리 늦어도 전화해라.
　　　However late you are, be sure to call [phone] me.

Ans However hard you may study, it is hard to master English in
　　　a year or two.

16. 금년의 쌀 수확은 평년 이상이 될 것이다.

This year the rice-crop is estimated to be above the average.

This year's rice-crop is estimated to be above [higher than] the average.

This year's rice-crop is estimated to yield [produce] more than the average.

Q: 금년의 쌀 수확은 평년보다 훨씬 감소할 것이다.

 Note 평균 이상 [평균 이하]; above [below] the average, higher than the average. 연중 [하루 중, 밤중] 이맘때; (at) this time of year [day, night]

e.g. ● 연중 이맘때의 평균 기온을 웃돌고 [밑돌고] 있다.
Temperatures are above [below] the average for the time of year.
〈주의〉 'for' 대신 'at'은 사용하지 않음.

Ans This year's rice-crop is estimated to be far less than [far below] the average.

This year the crop of the rice will be much less than that of the average year.

B. 단문 연습 (Sentence Practice)

* 다음 문장을 영어로 쓰세요.

1. 사막이 바다라면, 낙타는 배이다.

_____

Note A가 B라면, C는 D와 같다; As A is like B, so C like D

Ans As the desert is like a sea, so is the camel like a ship.

A camel in the desert is like a ship on the sea.

2. 그는 한국이 낳은 가장 뛰어난 과학자 중의 한 사람이다.

_____

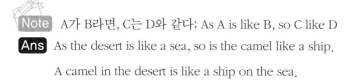

Note 낳다; have, produce

Ans He is one of the greatest scientist that Korea has ever had [produced].

3. 그곳은 세상에서 가장 훌륭한 현대미술 [르네상스] 작품을 소장하고 있습니다.

_____

Note 보여주다; show, showcase

Ans It has [shows] the best collection of modern art [Renaissance art] in the world.

It showcases the best collection of modern art [Renaissance art] in the world.

*It collects the best modern art in the world.

4. 물가가 이 비율로 오르면 내년 이맘때는 현재의 거의 배가 될 것이다.

Note 이 비율로; at this rate

Ans If prices go up at this rate, they will be almost twice as high at this time next year as they are now.

If the prices of commodities keep on going up at this rate, they will be almost two times as high at this time next year as they are now.

5. (실외가) 아무리 덥거나 추워도 사무실 온도는 섭씨 25도에서 30도로 유지해야 한다.

Note 실외에서, 바깥에; outdoors, outside, out of doors, in the open air

Ans However hot or cold it may be outdoors, the temperature in the room should remain from twenty to thirty degrees centigrade year round.

However warm or cold it may be outdoors, the temperature

in the room should keep from twenty to thirty degrees centigrade throughout the year.

6. 육군과 해군과 공군은 모두 군의 한 부분이다. 요즈음 많은 남녀들이 군에 복무하는 것을 좋아한다.

Note 하나 밖에 없는 대상은 정관사 (the)를 붙인다.
해군; the Navy. 육군; the Army. 공군; the Air Force

Ans The Army, the Navy, and the Air Force are all a part of the military. These days, many men and women enjoy working for [serving in] the military.

1. 다음 밑줄 친 우리말을 영어로 쓰세요.

학교문제 (Problems at School)

Sumi: **Do you feel like talking** (about it)?

    [Do you want to talk about it?]

Minsu: Not really.

Sumi: I heard what happened today.

Minsu: I guess everyone has. Prof. Song really **lost his temper** [flipped his lid] when I didn't hand in my homework this morning. He yelled at me — you could probably hear him in the next building. 그는 내가 자신이 가르친 학생 중 가장 게으른 학생이라고 말했다. None of my other teachers ever told me I was lazy.

Sumi: Well, your other teachers have been very lenient [easy-going/ not strict] with you. 너는 유일하게 숙제를 안 하는 학생이다. The rest of us always do.

Minsu: I thought you were my friend.

Sumi: I am, but I think it's a good thing (that) Prof. Song is strict. 너는 전과목에서 뒤떨어져 있다. If you don't start studying, you'll have to drop out of school. You haven't turned in one assignment since March. 너도 너가 머리가 나쁜 것이 아니라 노력하지

않는다는 것을 안다. 너가 화내야 할 사람은 너지 송교수님이 아니다.

Minsu: I'm disappointed with you. I thought, at least, you would understand.

Sumi: I'm sorry I don't. 너는 새벽 2시, 3시까지 자지 않고 컴퓨터 게임이나 친구와 채팅하면서 공부할 시간은 없지. If I can help you, let me know. I'm going over to the library right now. Want to come along?

Minsu: I guess not. See you later.

2. 다음 강연을 읽고, 아래 개요를 영어로 채우세요.

전쟁의 기본행동 (Primary Activities of War)

Since the beginning of organized warfare, its three primary [main] elements have been planning, fighting, and coordinating. These three separate yet connected [related] activities make up the actual conduct of warfare.

The activity of planning establishes the goals and the guidelines for warfare. We should not forget that planning must also include the resources for war. It must includes the elements of distribution of the resource supply. These elements of distribution and maintenance cannot be overlooked [ignored] if warfare is to be effective.

The second necessary [integral, essential] element of warfare is fighting. What, specifically, is fighting? Fighting is the act of putting military forces into action within a specific location to achieve a particular goal. Of course, everyone knows that the best fighting is only as good as the plan it is ordered to follow.

The third element, the element of coordination, is also a vital part of warfare. Coordination is making sure [is ensuring] that the effort of individual fighting forces work together without waste of time [wasting time], resources, or personnel. Here, again, the best coordination effort is only as good as the planning and fighting that are part of it. Although we have considered each element of warfare individually, in reality, they are interdependent. They must be combined into one smoothly operating system to make warfare effective.

A. Planning

  1. Goals

  2. _____

  3. Resources : a. _____ b. Maintenance

B. _____

  1. What is fighting?

    a. _____

    b. _____

    c. _____

  2. Only as good as plan

C. _____

1. Ensuring that effects of individual forces work together

2. _____

● 위 주제에 대해 키워드를 활용하며 직접 써봅시다.

19 기술과 논평 (Description and Comment)

* 주어진 예문을 참고하여, 우리말을 영어로 옮기세요.

> **1. 이 사진은 너 같지 않다.**
>
> This picture doesn't look like you.
>
> Q: 그 양복 [양장]을 입으니 완전히 다른 사람처럼 보인다.
>
> _____

 Note 처럼 보인다, 같다; look like, be like
아주 다른 사람: completely [totally] new [different] person

e.g. ● A: 차는 어떤 모양이니?
　　　 What's your car like?
　　　 What does your car look like?
　　● B: 그것은 문이 두 개 있는 오래된 붉은 차다.
　　　 It's an old red car with two doors.
　　● 내 모습에 신경을 쓰지 않는다.
　　　 I don't care (about) what I look like.

Ans You look like a completely new person in that suit [dress].

2. 너는 성난 것처럼 말한다.

You speak as if you were angry.

Q: 그는 무엇이든 알고 있는 것처럼 말한다.

_____

Note 'As if'는 앞의 주절은 사실이므로 '직설법 현재'를 쓰고, 뒤는 단순한 가정 [가설]이므로 '가정법 과거'를 사용한다.

e.g. ● 그는 아픈 것처럼 보인다.
He looks as if he were ill [sick].

Ans He talks as if he knew everything.

3. 요즘 수입차가 대단히 증가했다.

The number of imported cars has greatly increased of late.

Q: 최근에 한국을 방문하는 외국인이 매우 많아졌다.

_____

Note 최근; of late

e.g. ● 최근에 구글은 지도 검색 서비스를 제공하고 있습니다.
Google has been offering map market services of late.

Ans The number of foreigners to Korea [visiting Korea] has greatly increased of late.

4. 비가 온 뒤에는 맑은 날씨가 온다.

After a rainfall comes fine weather.

After rain comes fine weather.

Fine weather comes after a rainfall.

Q: 비가 오자 초목이 깨어났다.

 ‘a rainfall’(강우)에는 관사를 쓰지만, ‘rain’은 관사를 쓰지 않는다. 부사구가 앞에 오는 도치문에서 술부가 짧으면—즉, 동사 밖에 없으면—일반적으로 주어, 동사가 도치(inversion)된다.

e.g. ● 겨울이 지나면 봄이 온다.
     After winter comes spring.

Ans The grass and plants are freshened after a rainfall [after rain].

---

5. 슬픔 다음에는 기쁨이 온다.

After grief comes joy.

Q: 불행 다음에는 행복이 온다. 그러므로 우리는 용기를 잃지 말아야 한다.

 뒤따르다: follow, be followed by

e.g. ● 이 길을 따라가면, 틀림없이 마을에 도착할 것입니다.
If you follow the road, you would be certain to reach a village.

Ans After misfortune comes fortune. Therefore, one should never lose courage.

Misfortune is followed by fortune. Therefore, one should on no account lose courage.

··· one should not lose courage on any account.

··· *one should lose courage on no account.

(문장 뒤에 'on no account'를 쓸 수 없음.)

---

6. 봄이 오면 나는 생명의 즐거움을 느낀다.

When spring comes, I feel the joy of life [living].

Q: 가을이 오면 나는 항상 인생의 외로움을 느낀다.

_____

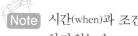

Note 시간(when)과 조건(if)의 부사절에서는 'will', 'shall'을 사용하지 않는다.

e.g. ● 겨울이 오면 봄이 멀겠느냐?
If winter comes, can spring be far behind?

Ans When autumn comes, I always feel the loneliness of life [living].

7. 장래의 일은 아무도 예측할 수 없다.

Nobody knows what may happen tomorrow.

Q: 해가 서쪽에서 지면 다음 날 아침 동쪽에서 떠오른다는 것을 아무도 의심하지 않는다.

 Note 아무도 의심하지 않는다, 분명하다; nobody doubts, It is doubtless, there is no doubt

e.g. ● 부실한 실험은 신뢰할 수 없다는 것은 당연하다.
There's no doubt that a poorly done test can be unreliable.

Ans Nobody doubts that the sun sets in the west only to rise in the east next morning.

It is doubtless that the sun sets in the west and rises in the east next morning.

8. 성공의 열쇠는 자기가 가진 것을 어떻게 이용하는가에 달려 있다.

The key to success lies in how you can make use of what you have (about you).

The key to success lies in how you can utilize what you have.

Q: 살아있는 언어는 외국인을 잘 이해하는 열쇠이다.

 열쇠; key, clue

e.g. ● 성공의 열쇠는 준비다.
The key to success is preparation.

Ans A living language is the key to a better understanding of a foreign people.

---

9. 공중 [사회]윤리가 문란해진 것은 개탄스러운 일이다.

It is deplorable that public [social] morals should be so corrupt.

Q: 많은 사람들이 약속 시간에 늦은 것을 아무렇지도 않게 생각하는 것은 개탄스러운 일이다.

 유감스러운: regretable, deplorable. 감정, 판단을 나타내는 동사, 형용사 뒤의 'that'절에서는 'should'를 쓴다.

e.g. ● 학생들의 건강이 그렇게 나쁜 것은 매우 유감스러운 일이다.
It is (really) regretable that the health of students should be so bad.

Ans It is deplorable that many people should make nothing of being late for appointment.

We regret that many people should make nothing of being late for appointment.

10. 정직이 보상을 받지 못하는 것은 흔히 있는 일이다.

It is common [It often happens] that honesty does not pay.

Q: 신문에 따라서 같은 사건이 각각 다르게 보도되는 것은 흔히 있는 일이다.

 Note 보상받다, 이익이 되다; pay (off), be profitable [worthwhile].
흔히 있는 일이다; it is common [it often happens] that

e.g. ● 그런 일은 결코 드문 일이 아니다.
Such a thing is by no means uncommon.

Ans It is common that the same event is reported variously by various papers.

It often happens that different papers give different reports of [on] the same event.

---

11. 과학적 관점에서 보면 양자 사이에는 아무런 관계가 없다.

From the scientific point of view there is no relation be-tween them [the two].

Q: 상업적 견지에서 보면 임금 인상은 수출 산업의 발달을 저해할 지도 모른다.

부사구는 문장 앞 또는 뒤에 올 수도 있으며, 강조할 경우에는 문장 앞에 둔다.

임금 인상; wage hike [increase, raise]. 막다; check, block, hinder

e.g. ● 유가 인상은 경제에 치명타가 될 수 있다.
An oil price hike can deal the economy a fatal [severe] blow.
An oil price hike can deal a fatal [severe] blow to the economy.

Ans From the commercial point of view, the wage hike [increase, raise] may check [block] the development [growth] of export industry.

---

12. 그의 이야기는 어디까지가 진실인지 모르겠다.

I can hardly tell how much truth there is in his story.

Q: 역사적 사실도 어디까지가 믿을 수 있는 것인지 알 수 없다.

Note 종속절은 의문사가 있어도 항상 주어+동사의 어순을 가진다.

e.g. ● 그의 이야기는 어디까지 사실인지 알 수 없다.
I can't say how far his story is true.

Ans We can even hardly tell how much truth there is in historical facts.

We can't even know how far we can rely upon historical facts.

13. 그의 말은 신문에 올바르게 보도되지 않았다.

His utterance was not correctly reported by the newspaper.

Q: 심지어 어제 일어난 일도 종종 올바르게 보도되지 않는다.

_____

 Note 부사 'often'은 부정어(not)의 앞에서는 '종종, 가끔', 뒤에서는 '흔히'로 해석된다.

e.g. ● 자신의 일에 관심이 없는 고용인들은 좀처럼 성공하지 못한다.
Employees who are uninterested in their work do not often suc-ceed. (rarely succeed)
Employees who are uninterested in their work often do not suc-ceed. (sometimes not succeed)

Ans Even what happened yesterday is often not reported correctly.

Even yesterday's events are often not correctly informed.

cf. Even what happened yesterday is not often reported correctly.(흔히)
(Even what happened yesterday is usually reported wrong.)

14. 그는 일찍부터 사회적 문제에 관심이 많았다.

He early began to take an interest in public affairs.

Q: 미국이 기대 이상으로 한국에 관심이 많은 것에 그 신문기자는 놀랐다.

_____

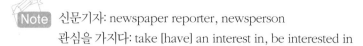

Note 신문기자: newspaper reporter, newsperson

관심을 가지다: take [have] an interest in, be interested in

e.g. ● 조직체는 직원의 업무 동기를 높이는 것에 관심이 있다.
　　　Organizations have an interest in improving employee motivation.

Ans The newspaper reporter was surprised to find (that) the American people took an interest in Korea far more than he had expected.

---

15. 채권자는 돈을 지불할 것을 요구할 권리가 있다.

A creditor has the right to demand payment.

Q: 너는 그 결정에 항의할 권리는 없다.

Note 권리, 옳음 [선], 옳은 점; right

e.g. ● 그녀는 옳고 그른 것의 차이를 이해하지 못한다.
　　　She doesn't understand the difference between right and wrong.
　　● 그 문제의 옳은 점과 잘못된 점 [시시비비]을 가리기가 어려웠다.
　　　It was difficult to establish the rights and wrongs of the matter.
　　● 당신은 내가 거기 들어가는 것을 막을 권리 [권한]가 없어요.
　　　You have no right to stop me from going in there.

Ans You have no right of appeal against the decision.

You have no right to make a protest against the decision.

* 다음 문장을 영어로 쓰세요.

1. 결코 무모하게 행동해서는 안 된다.

___

Note 무모한; thoughtless

Ans You should never be thoughtless in what you do.

You shouldn't be thoughtless of your behaviour.

2. 신록의 잎에 달린 이슬은 아침 햇살을 받아 보석처럼 반짝이고 있다.

___

Note 반짝이다; glitter, glisten

Ans The dew on the fresh green leaves is glittering in the morning sun like so many jewels.

3. 처음에는 평온한 항해였지만, 마지막에 가서 폭풍을 만났다.

___

Note 평온한; smooth, calm. 거친, 폭풍우치는; rough, stormy. 폭풍우를 만나다; be caught in a storm, be overtaken by a storm, encounter a tempest

Ans At first we had a smooth passage, but we had a rough passage toward the end of voyage.

At first we had a calm voyage, but we were caught in a storm toward the end of voyage.

4. 오늘날 서울은 근대화되었으나 사적은 거의 그대로 남아 있다.

 Note 역사적으로 중요한 [유명한]; historic. 역사에 관련된; historical. 역사소설; historical novel

Ans Today Seoul has been modernized, but almost all the places of historic interest still remain unchanged.

Though Seoul has been modernized these days, almost all the historic spots still remain unchanged.

5. 세계가 어떻게 변하든 간에 우리는 평화애호라는 원칙을 지켜나가야 한다.

 Note 지키다, 고수하다; adhere to, stick to

Ans However much the world situation may change, we must adhere to the principle of love of peace.

However much the affaires of the world may change, we must stick to the peace-loving principle.

6. 우리는 어떠한 유혹에도 결코 굽히지 말아야 한다.

 Note 굴복하다; yield (up) to

Ans We must not yield (up) to any temptation.

We must on no account yield (up) to any temptation.

7. 휴일은 보통날보다 짧게 느껴진다.

 Note 평일; ordinary day, weekday

Ans A holiday seems to be shorter than an ordinary day.

A holiday feels like it's shorter than a weekday.

8. 세상에는 좋은 사람도 있고, 나쁜 사람도 있고, 무관심한 사람도 있다.

 Note 무관심한; indifferent, don't care

Ans In the world some are good, some are bad, and others are indifferent [don't care].

9. 원래 우리나라는 국내 생산만으로 전 국민을 살려 나가기가 불가능하므로, 무역에 의해 필수품을 수입해야 한다.

필수품; necessaries

Ans Our country originally cannot afford to support her whole nation on her own productions alone. Therefore she should import necessaries from abroad.

As Korea primarily cannot afford to keep her whole nation on her productions alone, she should make an import trade in things that are necessary.

10. 몇몇 오래된 풍습은 후손에게 물려줄 가치가 있다.

오래된 풍습; time-honoured [traditional] manners and customs

Ans Some time-honoured [traditional] manners and customs deserve to be handed over to posterity.

Some time-honoured [traditional] manners and customs deserve to be passed down to posterity.

Some time-honoured manners and customs are worthy to be preserved for future generations.

11. 청년들은 어떠한 고난에 부딪쳐도 용기와 희망을 가지고 장래를 내다보아야 한다.

부딪치다; encounter, meet up with, face

Ans The youth must look forward to the future with courage and hope whatever difficulties they may encounter [face].

The young people must think of the future bravely and with hope, no matter what difficulties they may meet up with.

C. 장문 연습 (Paragraph Practice)

1. 다음 대화 속의 우리말을 영어로 바꾸세요.

말다툼 (A Big Argument)

M.P: I know you and Sungkyu are friends, but he just told me that he can't stand you. What happened?

Minsu.: (1) <u>우리는 어제 크게 싸웠어요.</u> I guess he's my enemy, now.

M.P: What did you argue about?

Minsu: (2) <u>내가 자기에 대해 거짓말을 하고 있다고 비난했어요.</u> He was really angry. In fact, he was yelling at me.

M.P: (3) <u>때렸어요?</u>

Minsu: (4) <u>아니요, 그러나 그럴려고 위협은 했어요.</u> I thought for a minute he was going to hit me.

M.P: (5) <u>주수는 어느 편을 들었어요?</u>

Minsu: (6) <u>아니요, 그는 중립이었어요.</u> He just stood there and watched.

M.P: (7) <u>성규의 비난에 대해 뭐라고 했어요?</u>

Minsu: Yes, I told him that I hadn't told lies about him.

2. 다음 우리말을 영어로 쓰세요.

타이어 교환 (Changing a Flat Tire)

펑크 난 타이어를 교체하기는 쉽다.

먼저, 차를 갓길에 세우고, 차가 움직이지 않도록 사이드브레이크를 당기세요.

둘째, 차의 트렁크에서 여분의 타이어를 꺼내세요.

셋째, 차를 잭으로 들어 돌리고, 나사와 바퀴덮개를 빼고, 펑크난 타이어를 꺼내세요.

넷째, 여분의 타이어를 끼고, 나사를 약간 조이세요. 그리고 바퀴덮개를 도로 끼우세요.

다섯째, 차를 내리고, 나사를 끝까지 조이세요.

마지막으로, 차 트렁크에 연장과 펑크난 타이어를 넣고 정비소로 몰고 가세요.

key words spare [fifth, extra] tire, (lug) wrench [spanner], jack, hub cap [wheel cover], remove, fasten [secure]

20 사건과 긴급 상황 (Trouble and Emergencies)

* 주어진 예문을 참고하여, 우리말을 영어로 옮기세요.

---

1. 열쇠를 차 안에 놓고 문을 잠갔어요.

The keys are locked inside the car.

Q: 키를 차 안에 두어서 열 수가 없어요.

_____

Note 잠그다; lock

e.g. ● 열쇠를 놓고 집문 [차문]을 잠갔어요.
I've locked myself out of the house [the car].

Ans I left my keys in the car, and now I can't get it open.

---

2. 이 카메라가 고장 났어요.

There's something wrong with this camera.

Q: 방향신호가 고장 난 것 같아요.

_____

Note 깜박이; turn signal. 미등; tail light. 스타트; starter. 와이퍼; windshield wipers

e.g. ● 배터리가 방전되었어요. The battery is dead.
● 펑크가 났어요. I got a flat tire.
● 엔진이 안 걸려요. I can't start the engine.
● 타이어 공기압을 살펴 주세요. Check the tire pressure, please.

Ans There is something wrong with the turn signal.

---

3. 수채 [세면대]가 고장났어요.

The sink won't drain.

The sink is stopped up.

Q: 목욕통 물이 잘 안 내려가요.

 Note 물이 빠지다; drain. (화장실) 물이 내리다; flush

e.g. ● 화장실에 물 내리는 거 잊지 마세요.
Don't forget to flush the toilet.
● 수돗물이 안 나와요.
There's no running water [tap water/city water].

Ans The bathtub won't drain properly.

4. 이 배에서는 담배를 피워서는 안 된다.

You are forbidden [not allowed] to smoke aboard this ship.

You are prohibited from smoking aboard this ship.

Smoking is prohibited [forbidden] aboard this ship.

Q: 순항 보트 [유람선]에서는 낚시가 금지되어 있습니다.

_____

 Note 금지하다; prohibit, forbid, not allow

e.g. ● 갈매기에게 먹이 주는 것이 금지되어 있다.
   Feeding the sea gulls is prohibited.
● 생도들은 4달 동안 순항훈련을 합니다.
   Midshipmen go on [partake in, take part in] (military) cruise training for 4 months.

Ans Fishing is not allowed on the cruiser.

5. 때로 햇볕이 눈에 들어오면 사고의 원인이 될 수 있다.

Sometimes the sun in your eye can be the cause of an accident.

Q: 그는 서쪽으로 햇빛을 마주보며 운전하고 있었다.

_____

 Note 햇볕이 눈에 들어오다; the sun in the eye. 마주보다; face

e.g. ● 그는 길을 역주행하다가 다른 차와 충돌했다.
   He drove onto the wrong side of the road and hit another car.

● 햇볕이 눈에 들어와 나는 잘 볼 수가 없었다.
The sun was in my eyes and I couldn't see very well.

Ans He was driving west, facing the sun.

---

6. 이 자판기가 고장났다.

This vending machine doesn't work [isn't working, isn't operating].

This vending machine is out of order.

This vending machine is broken.

Q: 모든 음료수가 안 나옵니다.

 Note 나오지 않다; be stuck [jammed]

e.g. ● 기계에서 내가 마실 것 [음료수]이 나오지 않았다.
The machine didn't dispense my selection [my drink].

Ans All selections [drinks] are stuck.

All selections [drinks] are jammed.

---

7. A: 내가 원하는 음료수가 다 팔렸다. 어떻게 할까?

B: 먼저, 다른 음료수를 선택하세요.

다음, 선택한 버튼을 누르세요.

끝으로 입구에서 마실 것을 꺼내세요.

Ans A: The drink I want is sold out. What should I do?

B: First, choose another drink you like.

Next, push the button of your selection.

Last, take your drink from the opening [shelf, tray].

---

8. A: 잔돈이 걸렸어요. 어떻게 돌려받지요?

 B: 먼저 잔돈 반환 버튼 [레버]을 누르세요.

 다음, 돈이 받침대에 떨어지도록 기다리세요.

 받침대의 돈을 집으세요.

Ans A: My change is stuck. How do I get my money back?

B: First, push the coin return lever [coin release lever].

Then, wait for the money to drop into the tray.

Finally, take your money from the coin tray.

---

9. 보건 수칙과 안전 수칙을 무시하는 악덕 고용주들에게는 무거운 벌금이 부과된다.

Heavy [Tough] fines are to be imposed on miscreant employers who ignore health and safety regulations.

Q: 안전수칙을 준수하지 않을 경우 재산상의 손해·손실 뿐만 아니라 우리의 건강과 생명마저 잃게 되는 사고를 초래하게 됩니다.

Note 안전수칙; safety precautions, safety regulations and procedures

e.g. ● 안전예방조치로, 예비 파일은 다른 위치에 저장된다.
As a safety precaution measure, backup files are stored in different locations.

Ans Failure to observe the safety precautions could result in an accident causing damage or loss of property, and could even endanger our lives.

Be aware that only through strict compliance with safety regulations and procedures can we protect ourselves and our property.

Be reminded [Be aware] that we can protect ourselves ['our lives'로 쓸 수 없음] and property only **through strict compliance with** the safety regulations and procedures [strictly keeping the safety regulations and procedures].

B. 단문 연습 (Sentence Practice)

* 다음 문장을 영어로 쓰세요.

1. 종합보험으로 해 주세요.

_____

Note 대물보험; liability insurance. 가입하다; insure

Ans With comprehensive insurance, please.

I'd like to get comprehensive insurance, please.

2. 난간에 기대지 마세요.

_____

Note 기대다; lean over

Ans Don't lean over the railing(s).

3. 이 시계에 새 전지를 넣고 싶은데요.

_____

Note 넣다, 교체하다; put, change, replace

Ans Can you change [put, replace] a new battery for my watch?

I need [want] a new battery for this watch.

4. 지갑 [가방]을 도난당했습니다.

_____

도난당하다; be robbed of

Ans I was robbed of my purse [backpack].

My purse [backpack] is missing.

My purse was stolen.

5. 소매치기야! 저놈 잡아라!

 외국여행시 소매치기를 조심할 것.

Ans Pickpocket! Catch him!

6. 사고를 일으켰습니다. 보험처리가 됩니까?

 처리하다; cover, pay for

Ans I had an accident. Will the insurance cover [pay for] it?

7. 긴급연락처를 가르쳐 주세요.

 긴급연락처; emergency phone number

Ans Where should I call in case of an emergency?

Give me an emergency phone number.

1. 다음 교통사고(Car Accident)와 관련된 우리말을 영어로 쓰세요.

어제, 민수는 자동차 사고를 당했다.

그는 차량이 많은 거리에서 운전하고 있었다.

그가 빨간색 신호등 때문에 차를 멈추자, 그를 뒤따르던 차가 그와 충돌했다.

그 뒤의 3대의 차가 서로 충돌하여 4중 충돌사고를 일으켰다.

민수의 과실이 아니었다.

김씨가 길모퉁이에 있다가, 그 사고를 목격했다.

경찰이 사건의 진상을 파악하려 하였다.

 car accident, stop, behind, officer

2. 다음 교통사고(Car Accident)와 관련된 우리말을 영어로 쓰세요.

김여사가 교차로를 가로질러 운전하고 있었다. 그녀는 녹색등이었다.

박씨가 빨간 신호에 운전하다 그녀와 충돌했다.

그는 서쪽으로 햇빛을 마주보고 운전하고 있었다.

경관이 누가 잘못했는지 조사하고 있었다.

 intersection, face, at fault

3. 다음 교통사고(Car Accident)와 관련된 우리말을 영어로 쓰세요.

창수는 이틀 전에 오토바이를 샀다.

그는 우유를 사러 가게에 가고 있었다.

그는 상점이 몇 블록 떨어져 있지 않기 때문에 헬멧을 쓰지 않았다.

그는 커브길을 돌다가 차선을 이탈하여 전봇대를 박았다.

수진이는 도로 가까이 걷고 있었지만, 사건을 목격하지 못했다.

 key words motorcycle, helmet, light pole

● 위 주제에 대해 키워드를 활용하며 직접 써봅시다.

제3부

정답 및 해설

Answers and Explanations

[장문 연습] 정답 및 해설

01. 시간 (Time)

1 빗속의 등교 (Walking to Class in the Rain)

- Sumi **got up** [woke up] early **this morning**.

  주의 'in this morning'은 틀림.

- She took a shower and had breakfast.

- She **studied** [reviewed] (her lessons) for her math test for an hour.

- At 9, she **looked out** (of) the window.

  참고 '바깥을 보다'는 'look out of' 또는 'look out' 둘 다 쓰임.

- It was **very cloudy** [overcast].

  참고 'very cloudy'는 한 단어로 'overcast'(구름으로 덮히다)로 표현할
  수 있음.

- It **started** [began] to rain after [in] a few minutes.

  참고 과거시제의 경우, '지나서'는 전치사 'after'를 사용한다.
  오늘날 'in'(지나서)도 가능하나 주로 미래시제에 사용함.
  It will rain in a few minutes.

- She had to leave (her house) at 9:30.

- **Her test was at 10:00 a.m.** [She was going to take her test at 10.]

- She didn't want to get **wet** [soaked/drenched].

- She **put on** [had on/wore] her raincoat and her boots.

- **She took her umbrella and walked to school.** [She went to school with an umbrella.]

- She arrived at school at 9:50.

- She went to her class and **took off** [removed] her raincoat.

- Her clothes **were dry** [weren't wet].

  주의 'clothes'는 복수형 동사 'were'를 사용함.

- She was **fine** [all right].

2 **지각** (Late To Class)

- Sumi **usually** [generally] gets up at 5:30 on weekday mornings.

- But this morning she got up late.

- She went **into** [to] the bathroom, brushed her **teeth**, and took a shower.

  참고 이빨은 복수형 'teeth'를 쓸 것.

- After her shower, she got dressed and left the house at 7:30.

- She was **late** [tardy] to class.

  참고 'tardy'도 (사전에는 'at'도 가능하나) 전치사 'to'를 일반적으로 사용함.

- She went to the snack bar **for** [to have] lunch.

- She ordered a pork cutlet, ate it, and then **returned** [went back] to class.

1 김양의 스케줄 (Miss Kim's Schedule)

- Miss Kim **has** [follows] a different schedule every morning.
- On Monday, she reads the newspaper before (she eats) breakfast.
- On Tuesday, she **jogs** [goes for a jog, *practices jogging] before she eats breakfast.

  > 참고 'jog' 대신 'practices jogging'은 사용하지 않음.

- On Wednesday, she eats breakfast while she's **doing (the) laundry** [washing the clothes].

  > 참고 오늘날에는 'doing the laundry'에서 관사 'the'를 종종 생략함.

- On Thursday, she **doesn't eat** [skips] breakfast.
- She studies in the library **until** [before] she goes **to** [for, has] lunch with her friend.
- On Friday, she goes downtown after she gets up, and has breakfast at a café.

2 한국의 날씨 (Weather in Korea)

- In Korea, January is **the coldest month of the year**.

  > 참고 아래의 경우도 'month'는 생략하지 않는 것이 좋다.

e.g. ● 한국에서 1월 달이 연중 가장 춥다.

　　January is the coldest (month) in the year in Korea.

● People **have to stay inside a lot** in January.

　　참고 사람들은 1월에 바깥에 자주 나갈 수 없다.

　　　　People can't go out often in January.

　　　　(이 경우 'often'은 'go out' 앞보다 뒤에 오는 것이 자연스럽다.)

● **There is [are] always snow and ice on the mountains.**

　　참고 눈과 얼음을 하나로 묶어 단수동사 'is'를 흔히 사용한다.

e.g. ● 산은 항상 눈과 얼음으로 덮여 있다.

　　The mountains are always covered with snow and ice.

● In March, the trees begin to **turn** [become] green.

● A few weeks ago **there were no leaves** on them.

　　참고 강조할 경우에는 'there was no leaf on them.'도 가능함.

● Soon, **there will be fine cherries on some cherry trees.**

[Some cherry trees will bear fine cherries soon.]

● There will be many other fruits on the other trees in about three

months.

● However, **in July the weather** [the weather in July] is usually **very**

hot [sweltering] and **very humid** [muggy/sticky].

　　참고 'very hot' 대신 'sweltering(땀을 흘리게 하는)'을 사용할 수 있음.

● People can **swim** [go for a swim] in the **sea** [ocean] and do many

things outside.

● **It's a good time for a vacation in Korea.**

　　참고 다음과 같이 부정사로 표현할 수도 있음.

　　　　It's an ideal time to go on [take] a vacation in Korea.

- In September it is often very hot, too, but sometimes the weather **gets cooler** [cools off] after September (the) fifteenth.

  참고 'cool'은 형용사(시원한) 또는 동사(시원해지다)로 사용 가능함.

03. 장소와 상황 (Place and Situation)

① 김씨 부부의 방학 (Mr. and Mrs. Kim's Vacation)

- Mr. and Mrs. Kim returned from their vacation two days ago.
- They went to Lake Soyangho.

  참고 우리말 고유명사는 'Lake Soyang'보다 전부 다 쓰는 것이 명료하다.

- They **liked** [admired] the trees and the water at the lake.
- They **rode in/on a boat** [went boating] and relaxed (on it).

  참고 주로 큰 배로 유람할 경우에는 'went on a cruise', 'cruised on a boat' 등을 사용할 수 있다.

- Sometimes Mr. Kim caught some fish from the lake.
- Then they had fish for dinner.
- Sometimes they ate **canned beans and soup** [beans and soup from cans].
- They **relaxed** [unwound, took/had a rest] there for five days.
- Then they went to Mt. Sokrisan and stayed overnight at Sokrisan

Hotel.

참고 원칙으로는 'Mt. Sokri'(Mt.=Mount) 또는 'Sokri Mountain'이지만 일상적으로는 위와 같이 말한다.

- The next morning they checked out of the hotel and went sight-seeing.
- They **had** [took] a nice rest.

2.1 나는 식당에 있습니다. 아파트까지 어떻게 갑니까?

- **Go out of** [Leave] the restaurant and **turn left** [make a left] on Oak Hill.
- Go south to Bentwood and turn right.
- **Stay** [Walk/Drive] on Bentwood for two blocks, and then turn right at Centerview Dr.
- Go north for one block, then look to the left.
- You will see it on the corner of Dreary Land and Centerview Drive.
- It will be the big building on the left.

2.2 나는 애기공원에 있습니다. 어떻게 쇼핑센터에 갑니까?

- **Drive** [Walk] south on Broad St. to Park Blvd. and turn left.
- **Drive** [Walk] north on Park for four blocks and then turn right.

- You'll be on Main St.
- **On** the second block **on** your right, you'll see a large building.

　　참고 둘 다 전치사 'on'을 사용함.

04. 일상적 행위 (Routine)

1 수미의 아침 (Sumi's Morning)

- Sumi **got up** [woke up/awoke] at six this morning.
- She went to the bathroom and took a shower.
- She washed her hair with shampoo.
- She **put** [applied] soap on her washcloth [She soaped her wash-cloth].
- She **washed** [scrubbed] her body and face.
- She rinsed with clean water.
- She got out of **the shower** (bath) [the bath(room)].
- She dried her hair and body **with** [on] a towel.
- **Then** [Next], she **put** [applied] toothpaste on her toothbrush and brushed her teeth.
- She combed her hair (with her comb).
- She put on her clothes and **had** [ate] breakfast.
- She **was** [got] ready for her first day **at work** [at the base/at her office].

② 가정 (Home)

(1) Many people fall down the stairs or slip on wet floors **in their bathrooms.**

> **참고** 이 경우 'in their bathrooms' 대신 'of their bathrooms'은 사용하지 않음.

(2) Grease fires **from** [that start on] the stoves in kitchens often **cause** [bring about] terrible **damage** [*damages].

[Terrible damage often **breaks out from** [results from] the grease fires that start on kitchen stove.]

> **주의** 'damage'는 단수를 쓴다.
> 부엌난로는 '(gas) stove', 가스레인지는 'microwave'라고 함.

(3) **Sometimes hot food spills on a child** [Sometimes they can spill hot food on a child], or a child cuts his hands with a knife.

> **주의** 'with a knife'를 'by a knife'로 쓰지 않음.

(4) They need to **act safely** [practice safety/being safe] all the time.

③ 생일선물 (Birthday Present)

- Lt. Kim **needs to** [should] go to the post office today.
- He wants to **send** [post/mail] a letter to his wife and a package to his son.
- Lt. Kim **bought** [purchased/got] a sweater for his son.

- He **picked out** [chose] a red and white one.

- He thinks that his son will like it.

- His son's birthday will be in three days.

- Lt. Kim needs to **send** [mail] the package today.

- In two days, the **mailman** [postman] will deliver the package to his home address.

- The mailman will **give** [deliver] the package to Mrs. Kim.

- But she won't give it to **their** [*his] son until his birthday.

05. 학교와 사회활동 (School and Social Activities)

1 수미의 점수 (Sumi's Score)

- Sumi took her math test two days ago.

- Her math teacher graded the tests yesterday.

- This morning, Sumi got her score.

- She got a 59 on her test. [She got a score of 59 on her test.]

    참고 59점은 'a 59, 59%, 59 points'로 표현할 수 있다. 이 경우 '59 score(s)'는 사용하지 않는다.

- This was a bad **grade** [score/point] for Sumi.

- She got upset, so she cried for a few **seconds** [moments].

- After she dried her eyes, she looked at the test again.

- Only one answer was wrong.

- She took the test to the teacher.

- The teacher looked at it and said, "I wrote the wrong score on your test, Sumi. Your **real** [true] score is 95."

- Sumi's not upset now.

- She's very relieved.

② 기숙사 청소하기 (Cleaning the Dorm)

1. The trainees have to pick up all the paper around the building.

2. The trainee uses a broom to sweep the floor of the dorm.

3. He **mops** [cleans] the floor with water.

4. He pushes the mop all around the floor.

5. He scrubs the floor with a brush and soap and water.

6. He has to **iron** [press] his uniforms.

7. He should polish his boots with black shoe polish.

   [He should use black shoe polish to polish his boots.]

③ 아래 밑줄 친 부분을 다른 표현을 사용하여 대체하세요.

When Sumin called on his uncle in Busan, he did the same things every day. First, he had a lot for breakfast. Then, he cleaned up the house with his uncle. After that, they drove to the gym to work out for two hours. In the afternoon, they took a nap for an hour, and then they played cards before they had dinner. After dinner, they walked three miles. When they returned home, he took a shower and went to bed. Harry was in good condition when he returned home from his uncle's house.

06. 여행정보 (Travel Information)

1 부부 여행 (A Couple's Trip)

- Minsu and Sumi were getting ready **to go on [take] a trip**
  [Minsu and Sumi were prepared **to go on a trip.** / Minsu and Sumi were preparing **for a trip.**]
- They did the laundry and packed their suitcases.
- The next morning, they **started** [embarked on] the trip **with a full tank of gasoline in their car** [after they filled up the car/tank in the car].

  > 참고 '그 다음 날'을 의미할 경우에는 'the next morning'으로 관사를 사용할 것. 기름을 채우다; fill up the car/tank (in the car)

- After they drove for about 5 hours, Minsu checked the gas gauge.
- He realized that the tank was almost empty.

- He didn't want to run out of gas, so he stopped at a gas station in the next block to fill up the car.

  > **참고** 그이 차는 기름을 떨어지고 있다;
  > His gas is running out.
  > He[His car] runs out of gas.

- They filled up the tank and asked the attendant **for the directions to the bathroom** [asked the attendant where the restroom is].

  > **참고** '문의하다'는 'ask A for B'를 사용할 것

- He told them that the restroom was at the side of the gas station.

- The men's room was on the left and the ladies' room was on the right.

2.1 아래 그림에 대한 우리말 묘사를 영어로 바꾸세요.

- It is very exciting to **drive** [go] over the bridge.

- It is a **sharply** [*sharp] curved bridge.

  > **참고** 위아래로 커버가 심한 길은 'a high curved bridge'라고도 한다.
  > 또한 꼬불꼬불한 산길을 'hairpin'이라고도 한다.

- It **crosses** [spans/goes over] a river in the valley.

- From the bridge, you can see the **whole** [entire] forest (for miles around).

2.2 아래 그림에 대한 우리말 묘사를 영어로 바꾸세요.

- Oh, it was beautiful.
- The lake **reflected** [mirrored] the trees and mountains.
  [The trees and mountains are reflected **in** [on] the bridge.]
- When I was there I could see **the lake bed** [the bottom of the lake];
  it was **so clear** [crystal clear].
- There were some cattle in the **pasture** [field/meadow] and they
  were grazing **by** [near/around] the lake.

  참고 목초지; pasture, 지역; plot, 목장; meadow

07. 교통안내 (Traffic Guide)

1 속도 제한 (The Speed Limit)

- Many people don't obey the speed limit.
- They don't **pay attention to** [worry about] it, but they should.
- First they need to realize that they**'re often unsafe drivers** [often
  don't drive safely] when **they're trying to get to a place in a hurry**
  [they hurry to go to a place].
- Second, they use more gas than slower drivers.
- Third, **a speeding ticket could cost more time and money**.

[Third, getting a speeding ticket could result in more serious delays and fines.]

- Fourth and most important(ly), an accident can cause a lot of pain for everyone **involved** [who is in it].
- Therefore, drivers should always obey the speed limit.

② **Visibility** (視界)

- Heavy fog **reduces** [lowers] visibility and makes driving very dangerous.
- People should drive slowly, watch (out) (for) the vehicle ahead of him [the vehicle in front], and use their car's **low beams** [headlights].

> **주의** 밑줄 친 '시계를 줄이다'를 'make visibility low'로 표현하지 않는 점에 유의할 것.
>
> **참고** 앞차를 'front car'로 표현하지는 않는다.
> 유의하다: watch, watch out, watch for, watch out for
> 안개등; fog lights. 꼬리등; tail lights. 브레이크 등; brake lights.
> 방향등; signal lights. 전조등; high lights [high beams].
> 헤드라이트; (regular) lights [low beams]

① 민수의 여행 (Minsu's Trip)

- Minsu will **fly** [go/travel] to London in two weeks.
- Yesterday, he **contacted** [called] a travel **agency** [agent] and made a reservation.
- He'll **pick up** [get/buy] his ticket at the travel agency next week.
- He'll pack his new suitcase, too.
- In two weeks, he'll go to Incheon International Airport.
- His flight will **leave** [depart/take off] from Gate 7.
- He is looking forward to **getting on** [boarding] the plane and having a good trip.

  [He is expecting to get on the plane and enjoy a good trip.]

  > 참고 'get aboard' (탑승하다)는 주로 배에 승선할 때 많이 사용함.

② 예약 (Reservation)

- Sungki will **take a trip to** [make a tour of] Bangkok the first week of next month and will **return** [come back] the **next month** [following month, month after].

  > 참고 여행하다; 'make a trip to', 'make a tour of'로 전치사에 유의
  > 할 것

- This morning, he called his friend Kichan at World Travel Agency to make reservations.

  > 참고 'his friend'다음에 콤마를 쓰지 말 것.

- Because Sungki is Kichan's friend and customer, he **got** [found/ provided/suggested] **a good deal** [a good price] for Sungki.

- The **return ticket** [round trip ticket] cost only $300.00.

- Now, since he saved money on his ticket, Sungki can buy clothes and a new suitcase. His old suitcase doesn't lock **properly** [well].

- Tonight he will call his sister, Sumi. She will meet Sungki at the airport.

- She needs to know his **travel itinerary** [travel information], that is his flight number and the time of his arrival.

09. 식당과 식사 (Restaurant and Food)

1 김치 만드는 법 (How to Make Kimchi)

- First, **soak** [put/souse/pickle] the chinese cabbage in **salt** [salted] water.

- Next, **rinse the cabbage in water. Then, drain the cabbage in a colander [basket].**

  > 참고 간단히 합쳐서 'rinse and drain the cabbage in a colander [basket]'으로 표현할 수도 있다.

- Then, **dice** [chop] the vegetables like carrots, **hot** [red] peppers, garlic, and leeks.

- After that, **mix** [combine] the various seasoning with **jeotgal** [salted fermented fish/anchovy/shrimp].

- Finally, spread the seasoning and vegetable mixture on and between the cabbage leaves.

  [Finally, **coat** [cover] the cabbage leaves **with** the seasoning and vegetable mixture.]

  > **주의** 젓갈을 'salted fish guts'으로 표현하면 'guts'으로 인해 부정적 의미가 함축될 수 있으니 유의할 것.

2 야채 (Vegetables)

- We need to eat vegetables every day **to stay healthy** [to keep/enjoy our health, for our health].

- **There are different vegetables for different people.** (가장 일반적인 표현임)

  [Everyone needs his own vegetables./Vegetables can be eaten in many ways to suit different tastes].

- Tomatoes and onions are good in salads.

- Some people **put** [pack] these vegetables on their hamburgers, too.

- **Potatoes are good in soups, in salads, or with meat.**

  [You can enjoy potatoes in soups, in salads, or with meat.]

- Green beans and corn also taste delicious.

  > **참고** 이 경우 'green beans'와 'corn'은 별개이므로 단수형, 'tastes'를

쓰지 말 것.

10. 숙박 (Accommodation)

1 모텔에서 (At the Motel)

- Minsu and Sumi **checked into** [arrived at] the motel at 6:30. They were glad (that) they had reservations because the motel **was full** [had no vacancies]. When they got to their room, a lady was making the bed. She was putting clean sheets on the bed. There were two **soft** [fluffy] pillows and a blanket on the bed.

- They were really tired at the end of the long day. Sumi wanted to take a bath and relax. She filled up the bathtub and stayed in the bath for 20 minutes. She felt better after she **bathed** [took a bath].

- Minsu opened the suitcase and hung up some of their clothes in the closet. He didn't hang up all of the clothes because **there were only 3 hangers in the closet** [the closet have only three hangers].

- The next morning, they woke up at 6:30 without **an alarm clock** [an alarm]. They got dressed and went to pay the motel bill. Then they went to the restaurant to have breakfast.

- They just returned from their trip. After the trip, they had a lot of laundry to do.

- There's an efficiency apartment for rent.
- It's modern and is **located near** [close to] a mall and a bus line.
- Utilities are included. [(The) utilities are paid by the owner.]

  (관리비는 주인이 냅니다.)
- It has central air conditioning and heating. For more information, call 550-5000.

There's a large, furnished two-bedroom apartment for rent. It has one bathroom and air conditioning. It's located near schools and a mall. No pets are allowed. It's available **from** [on, starting] July 1. For more information, call 500-7000.

① **민수가 쇼핑을 했다** (Minsu Went Shopping)

clerk: **May I help you?** [How can I help you?]

Minsu: I'm looking for a pair of blue jeans and a shirt to **go with** [match] my suit.

> 참고 미국에서는 바지(pants)는 주로 숫자로 표시한다.

clerk: **What size?** [What's your size?]

Minsu: Medium.

clerk: **How's this?** [How are these?/How about this one?]

If you want to try on these jeans, the dressing room is over there. [You can try these on in the dressing room over there.]

> 참고 위의 경우 'this'와 'these'는 대체 가능하다.
> How's this (this pair of jeans/pants)?
> How are these (these jeans)?

Minsu: (after he tried on the jeans) I won't be able to sit down with these jeans on. They feel a little **tight** [snug] around the hips.

> 참고 클 때에는 'loose, big' 등의 표현을 사용한다.

clerk: Try on **this pair** [these jeans]. They're bigger; maybe they'll fit better.

clerk: (after Minsu tried on jeans) **How do those fit?** [How does that fit?]

Minsu: **They feel** [It feels] much better, **except** [but] they're a little long.

clerk: Don't worry about that.

They'll be **the right [okay/fine] length** after you wash them a few times.

> 참고 'the right length' 대신 'okay, fine, a good length' 등을 사용할 수 있다.
> '빨면 줄어들어요'는 'They'll shrink in the wash.'라고 한다.

How does the shirt **fit** [feel]?

Minsu: Oh, it's just fine.

② 할인판매 (Sales)

- It's economical to shop **when stores are having sales** [when they're holding a bargain sale at stores].
- You can **get good deals** [save a lot of money], so you can buy more things.
- Most stores have their biggest sales on weekends.
- They spend a lot of money on newspaper ads and television commercials to get people **to shop at their stores** [to bring/draw people into their stores].
- They sometimes have things **reduced** [marked down/discounted] as much as 50%. [They sometimes cut 50% off the price.]
- Shopping is always fun, but it's more fun during a sale.

- Sumi will **be off** [not work] tomorrow.

- She's going to buy a pair of pants and a blouse at Korea Department Store.

  참고 막연히 한국의 어떤 백화점이면 'a Korean department store'를 씀.

- They are **reducing** [lowered/discounted] their **price** [cost/amount] by 30%.

③ 다음 대화를 영어로 쓰세요.

Clerk: Can I help you?

Customer: Yes, I'd like to return this shirt. It's too big.

Clerk: All right. Do you want to exchange it, or do you want a refund?

Customer: I want to exchange it.

Clerk: Do you have your **receipt** [sales slip]?

Customer: Yes, here it is.

Clerk: Good. I'll **credit your account**, and you can **select** [choose] another shirt.

참고 '계좌에 입금하겠습니다(credit your account)'와 '(요금을) 신용카드로 지불하겠습니다(charge it)'는 대립되는 의미다.

1 신용카드 문제 (Problems with Credit Cards)

- Credit cards are **readily available** [easy to get and use], but they can cause many problems.
- Some people have too many credit cards and use them too much.
- They can charge almost everything.
  [They buy almost everything with cards.]
- Department stores as well as banks have their own credit cards.
- People can use them in stores, garages, airports, and many other places.
- Some people charge too much on their cards and aren't able to pay all of it off when the bills come at the end of the month.
  [Some people put too much on their **charge** [credit] accounts and aren't able to pay for all of it at the end of the month.]

  참고 '빚을 청산하다'는 'pay off'를 일반적으로 사용함.

- Credit cards are easy to use, but you have to pay off the bills later.

2 수표 바꾸기 (Cashing a Check)

(1) May I cash this check today?

(2) How do you want your cash?

(3) I'd like [I want] five twenty-dollar bills.

> 참고 소액지폐로 주세요: I want the money in small bills.

(4) How do I close my bank accounts?

13. 건강과 질병 (Health and Disease)

① 감기 (A Bad Cold)

- Minsu **caught a bad cold** [got the flu] last week.

> 참고 have frostbite/athlete's feet/moist tetter: 동상/무좀/습진에 걸리다.

- When I talked with him, he was sneezing.

- He was also coughing and **his nose was running.**

> 참고 그는 콧물을 흘렸다: he was congested, he had a runny nose.

- **Along with** [With] his runny nose, he had a bad pain in his chest, too.

- His cough made his chest ache more.

- The nurse took his temperature and **he had a fever.**

> 참고 그는 열이 있었다: he had [was running(보통 진행형을 씀)] a temperature.

- Maybe he caught if from someone at work or he caught it when he walked home from the office in the rain.

● The sneezing, coughing, and other symptoms were unpleasant.

● Minsu really **felt bad** yesterday.

> 참고 몸 상태가 나쁨: feel bad, feel out of sorts, be under the
> weather

2 예약 (To Make an Appointment)

Clerk: Korea Hospital. May I help you?

Patient: Yes. This is Park Sumi. I'd like to make an appointment for a
checkup.

Clerk: Is this the first time visiting our hospital?

[Will this be your first visit to our hospital?]

Patient: Yes it is. [Yes, it will.]

Clerk: Are you having any problems?

Patient: No. It's just time for my annual physical (exam).

> 참고 신체검사를 받아야 한다: I have to get a physical test [a physi-
> cal (exam)].
> 체력검사를 받아야 한다: I have a physical fitness test [exam].

Clerk: The earliest **open** [available] appointment is on February 18th
at 9 o'clock.

Patient: I'm sorry. **I can't make it that day**.

[That time doesn't work for me.]

Clerk: How about February 20th at 10 o'clock?

Patient: That sounds good. Thanks.

Clerk: Don't eat anything in the morning before your appointment, and drink only water.

3 독감 (The Flu)

- Many people **catch a cold** [get the flu] in the winter.
- Some people feel bad for just two or three days, but others are sick **for a much longer time** [for much longer].
- The symptoms of the flu are usually a high fever, headache, backache, a runny nose, and sometimes a bad cough.
- Take some medicine for the pain and fever and drink a lot of fruit juice.
- When you have the flu, just **stay home** [don't go out] and get a lot of rest.

Summary

The flu [A bad cold] could last a few days or longer and cause a variety of symptoms. Medicine, fruit juice, and rest can **help** [be helpful] when you have it.

1 건강 유지 (To Be in Good Shape)

- Minsu goes to the gym three or four times each week.
- He **changes into** [puts on] his gym clothes and begins to **exercise** [work out].
- First he does sit-ups and push-ups.
- After these **exercises** [workouts], he goes outside and **does 8 to 10 laps around the track** [runs around the ground eight or ten times].
- Then, he goes back inside and plays **a game of basketball** [a basketball game].
- After about an hour of **playing** [exercise, *game], he takes a shower and **gets dressed** [change his clothes].

  > **참고** '한 시간 게임 뒤에'를 우리말 식으로 'game'을 써서 표현하지 말 것.

- He has a fit body. [He is in good shape/health.]
- Exercise is important for a healthy body.
  [You should exercise to keep healthy.]

② 조깅 (Jogging)

(1) It can help you lose weight and **stay physically fit**.

> 참고 stay physically fit [strong] = keep healthy, keep your health

(2) It doesn't require any equipment, except for a good, strong pair of **running shoes**, so **it's not an expensive activity**.

> 참고 running [jogging] shoes = sneakers
> it's not an expensive activity = it's not cost-prohibitive

(3) Before you stop (completely), walk a few laps to **cool down**.

> 참고 cool down: 열을 내리다. cool off: 식히다, 시원해지다
> I am going to the swimming pool to cool off. (열을 식히러 수영장에 간다.)
> It's going to cool off next week. (다음 주면 날씨가 시원해질 거다.)

(4) Decide what day and what time you will jog every week.

[Decide to jog on a certain time schedule every week.]

[Decide to jog on certain days every week and at a certain time of the day.]

(5) If you misses a session, try to make it up the **next** [following] day.

> 참고 'make up'(보충하다) 대신 'compensate for'(보상하다, 손실을 메우다)를 사용하면 어색하다.
> Nothing can compensate for the loss of your health.
> (그 어떤 것도 잃어버린 건강을 보상할 수는 없다.)

(6) Clothes which **fit tightly** [were tight] before you started jogging will fit much better.

(7) **You will worry less about** your diet because jogging will help

keep your weight down.

(8) Also, having a friend jog with you will help you **stick** [commit] to your schedule.

[If you jog with a friend, it will help you **follow** [keep] your schedule.]

15. 인사와 예법 (Greeting and Etiquette)

1 다음 수미의 문의에 대한 민수의 우리말 조언을 영어로 옮기세요.

Dear Confused Sumi,

If you had communicated better with your husband about the fact that you had an appointment, I don't think he would have gotten so angry.

If you had forgotten to tell him about the appointment before you left for work, you could have called him later and told him.

I think the best way **to understand** [?you realize] why he got so upset is **to ask yourself** [to put yourself in his shoes].

Put yourself in his shoes and ask [Ask yourself] "How would I have felt if he had been home an hour later than usual?"

Sincerely,

Minsu

2 다음 나미의 문의에 대한 민수의 우리말 조언을 영어로 옮기세요.

Dear Nami

I think you know that if you had told your **boss** [manager] where you would be, he wouldn't have gotten angry.

A boss needs to know where his **workers** [employees/men] are during working hours.

[It's vital for a boss to know where his employees are during working hours.]

If there had been an emergency, he wouldn't have been able to find you.

[If an emergency **occurred** [took place], he couldn't have found you.]

Ask yourself: "What would I have done if I had been the boss?"

[Ask yourself what you would have done if you had been the boss.]

1 〈수미의 조언〉

Dear Minja,

I **can not help agreeing with** [must accept] your mother's point of view.

If you're not working to pay for the car, the insurance, and the gas, you definitely should not have your own car.

Let me point out to you that these things **cost a lot** [are very expensive].

I think **it's nice that your mother permits you to drive her car.**

[I think it's very generous of your mother to let you drive her car.]

I'd advise you not to keep asking for your own car.

[I advise that you shouldn't keep asking for your own car.]

Get a part-time job and start saving some money.

Then talk to her again about the car.

Sincerely,

Sumi

② 〈수미의 조언〉

Dear Jeho

Don't ask your brother and his wife again.

Look at it from their point of view.

If you needed a place to stay for a **definite** [set] period of time, like two weeks, I'm sure they would love **to have you stay with them** [to have you as a house guest].

But, since you are talking about an indefinite period of time, it would be impossible for them to keep a normal routine.

Don't take it personally.

It doesn't mean they don't like you, but it just means it's inconvenient for them.

I'm sure they don't want you to be without a place to stay, so ask them if they could help you find **a place to stay** [a residence].

Sincerely,

Sumi

③ 동물의 생존법 (How Animals Survive!)

How Animals Survive!

A. Camouflage

　　1. look like other things　2. change color

B. armor

   1. hard shells 2. thick skin

C. motion

   1. staying still

   2. moving out of range

   a. suspending themselves b. submerging c. flying d. racing

17. 수와 양 (Number and Quantity)

① 식료품점에서 (At the Grocery Store)

- Minsu went to the **grocery store** [supermarket] on Saturday.
- He needed a bar of soap, a bottle of shampoo, a can of tomatoes, and a kilogram of potatoes.
- At the store, **there were some red potatoes and some large white ones** [he saw some red potatoes and some large white ones].

> **참고** 형용사는 '크기＋성질'의 순서로 나열하므로, 'white large'는 어색함.

- He **got** [bought] a kilogram of the small red potatoes.
- He saw the tomatoes **next to** [beside] **some cans of corn** [some canned corn].
- The store didn't have the soap he **likes** [prefers].

- He had to go to **a different store** [another store] to **buy** [find] **that** [it].

2 쓰레기 (Garbage)

- Garbage is a worldwide **concern** [problem].
- Millions of tons of it **are thrown away** [are tossed out] every day.
- For example, **as of 2000** [in the year 2000], 4 pounds of garbage per person are produced in New York, 3 pounds in Tokyo, 1.5 pounds in Rome, and 1.1 pounds in Cairo!
- **Poisonous** [Toxic] waste from industries is the worst part of the problem because it is very difficult to **dispose of** [get rid of, deal with] properly and is dangerous to people's health.

18. 비교와 정도 (Comparison and Degree)

1 학교문제 (Problems at School)

Minsu: He told me I was the laziest student he'd ever had.

Sumi: You're the only one who never does the work.

Sumi: **You're behind** [You fall behind] in all (of) your courses.

참고 앞서다, 잘하고 있다; get ahead, do well

You' know you're not stupid, but you're not **trying** [making an effort].

I think the person you should be **annoyed with** [angry at] is yourself, not Prof. Song.

Sumi: You have time to **stay up** [sit up] until 2 or 3 in the morning playing computer games or chatting with your friends, but you never have time to study.

② 전쟁의 기본행동 (Primary Activities of War)

A. Planning

  1. Goals

  2. Guidelines

  3. Resources : a. Distribution, b. Maintenance

B. Fighting

  1. What is fighting?

    a. Military forces into action

    b. Specific location

    c. Achieve particular goal

  2. Only as good as plan

C. Coordination

  1. Ensuring that effects of individual forces work together

  2. Only as good as planning and fighting

19. 기술과 논평 (Description and Comment)

1 말다툼 (A Big Argument)

(1) We had a big **falling out** [argument, quarrel] yesterday.

(2) He accused me of **spreading lies** [telling a lie] about him.

[He blamed me for spreading lies about him.]

(3) Did he physically attack you? [Did he hurt you?]

(4) No, but he threatened to.

(5) Did Jusu **take sides** (with either one of you)?

[Did Jusu **back up** [stand by/support] either one of you?]

(6) No, he was neutral. He just stood there and watched.

(7) How did you **defend yourself against** [stand up against] Sungkyu's accusation?

[Did you give your side of the story (to Sungkyu)?]

2 타이어 교환 (Changing a Flat Tire)

- It's **simple** [easy] to change a flat tire.
- First, pull over and **set** [put on] the **parking brake** [emergency brake] so that the car won't **move** [roll].

> 참고 'pull over'(차를 갓길에 주차하다)는 'pull your car over to the side of the road'로 길게 표현할 필요가 없다.

브레이크를 밟다: hit [step on, use] the brake
주차브레이크를 사용하다: set [put on, use] the parking [hand,
emergency] brake. (우리말식 'side brake'는 사용하지 않음.)

- Second, **get** [take] the spare tire **from** [out of] the trunk of the car.
- Third, jack up the car, remove the lug nuts and the hub cap, and
  take off the flat tire.

  참고 'hub cap'(휠캡)을 'hub cover'로 표현하지 않음.

- Fourth, **attach** [put] the spare tire on and tighten the lugs **a little**
  [slightly]. And put the hub cap back on.
- Fifth, **lower** [bring down] the car and finish tightening the lugs.
- Last, put your tools and the flat tire in the trunk of the car, and
  drive to **a mechanic's (garage)** [the mechanic].

20. 사건과 긴급 상황 (Trouble and Emergencies)

1 다음 교통사고(Car Accident)와 관련된 우리말을 영어로 쓰세요.

- Yesterday, Minsu **got in** [was in] **car accident** [car crash].

  참고 '차량사고'에 전치사를 'the'를 사용하지 말 것; *the car accident

- He was driving in heavy traffic.
- He was stopping at a red light, and **the car behind him hit** [crashed
  into/ran into] him.

앞차; the car in front (of me), the car ahead of me.
('the front car'는 도로상에서는 사용하지 않는다.)
뒷차; the rear car, the car in the back
('the back car'는 사용하지 않는다.)

- The three cars behind him ran into each other, causing a four car **crash** [pile-up].

- Minsu wasn't at fault. [It wasn't Minsu's fault.]

- Mr. Kim was on the corner and **witnessed** [saw] the accident.

- An officer was trying to find out what happened.

2 다음 교통사고(Car Accident)와 관련된 우리말을 영어로 쓰세요.

- Mrs. Kim was driving through an intersection.

- She had a green light.

참고 그녀의 신호등은 녹색이었다.
Her light was green.
She had the right-of-way.

- Mr. Park ran the red light and **hit** [crashed into/t-boned] her.

- He was driving west, facing the sun.

- An officer was trying to find out **who was at fault** [why it happened].

3 다음 교통사고(Car Accident)와 관련된 우리말을 영어로 쓰세요.

- Changsu just **got** [bought] his motorcycle two days ago.
- He was going to the store to **pick up** [get] some milk.
- He didn't put on his helmet because the store was only a few blocks away.
- He was driving around a curve when he **went** [veered] off the road and **hit** [ran into] a light pole.
- Sujin was walking near the road but didn't see the accident.

실용 모델 영작문

초판 1쇄 발행일 2012년 11월 19일

지은이 황기동
펴낸이 박영희
편집 이은혜·정민혜·신지항
인쇄·제본 AP프린팅
펴낸곳 도서출판 어문학사
　　　　서울특별시 도봉구 쌍문동 523-21 나너울 카운티 1층
　　　　대표전화: 02-998-0094 / 편집부1: 02-998-2267, 편집부2: 02-998-2269
　　　　홈페이지: www.amhbook.com
　　　　트위터: @with_amhbook
　　　　블로그: 네이버 http://blog.naver.com/amhbook
　　　　　　　　다음 http://blog.daum.net/amhbook
　　　　e-mail: am@amhbook.com
　　　　등록: 2004년 4월 6일 제7-276호

ISBN 978-89-6184-276-1 93740
정가 20,000원

이 도서의 국립중앙도서관 출판시도서목록(CIP)은 e-CIP홈페이지(http://www.nl.go.kr/ecip)와
국가자료공동목록시스템(http://www.nl.go.kr/kolisnet)에서 이용하실 수 있습니다.
(CIP제어번호: CIP2012004741)